DO REPRESENTANTE COMERCIAL AUTÔNOMO

Dados Internacionais de Catalogação na Publicação (CIP)
(Câmara Brasileira do Livro, SP, Brasil)

Roque, Sebastião José
   Do representante comercial autônomo / Sebastião José Roque. -- 1. ed. -- São Paulo : Ícone, 2011. -- (Coleção elementos de direito)

   ISBN 978-85-274-1121-9

   1. Representações comerciais autônomos - Leis e legislação - Brasil 2. Representantes comerciais autônomos - Brasil I. Título. II. Série.

10-05777   CDU-347.716:331(81)(094)

Índices para catálogo sistemático:

1. Brasil : Leis : Representação comercial
     autônomos : Direito do trabalho
     347.716:331(81)(094)
2. Leis : Representação comercial
     autônomos : Brasil : Direito do trabalho
     347.716:331(81)(094)

Sebastião José Roque

Bacharel, mestre e doutor em Direito pela Universidade de São Paulo;
Advogado, árbitro e mediador;
Professor de Direito;
Presidente do Instituto Brasileiro de Direito Comercial "Visconde de Cairu";
Presidente da Associação Brasileira de Arbitragem – ABAR;
Especialização nas Universidades de Bolonha, Roma e Milão e na de Panthéon-Sorbonne de Paris;
Professor da Universidade de Cosenza (Itália);
Autor de várias obras jurídicas.

DO REPRESENTANTE COMERCIAL AUTÔNOMO

Estudo comparativo dos contratos de colaboração empresarial para força de vendas: representação comercial, agenda, distribuição, concessão mercantil, *trading*, comissão mercantil, mandato mercantil

1ª edição
Brasil – 2011

Ícone editora

© Copyright 2011
Ícone Editora Ltda.

Coleção Elementos de Direito

Capa e diagramação
Richard Veiga

Revisão
Marsely De Marco Dantas
Saulo C. Rêgo Barros

Proibida a reprodução total ou parcial desta obra, de qualquer forma ou meio eletrônico, mecânico, inclusive através de processos xerográficos, sem permissão expressa do editor (Lei nº 9.610/98).

Todos os direitos reservados para:
ÍCONE EDITORA LTDA.
Rua Anhanguera, 56 – Barra Funda
CEP: 01135-000 – São Paulo/SP
Fone/Fax.: (11) 3392-7771
www.iconeeditora.com.br
iconevendas@iconeeditora.com.br

ODE AO ACADÊMICO

O PODER DA MENTE

Pobre de ti se pensa ser vencido,
Tua derrota é um caso decidido;
Queres vencer, mas como em ti não crês,
Tua descrença esmaga-te de vez.
Se imaginas perder, perdido estás;
Quem não confia em si marcha para trás;
A força que te impele para frente
É a decisão firmada em tua mente.

Muita empresa esboroa-se em fracasso
Inda antes de dar o primeiro passo;
Muito covarde tem capitulado
Antes de haver a luta começado;
Pensa em grande e teus feitos crescerão,
Pensa em pequeno e irás depressa ao chão;
O querer é poder arquipotente,
É a decisão firmada em tua mente.

Fraco é quem fraco se imagina;
Olha ao alto quem ao alto se destina.
A confiança em si mesmo é a trajetória
Que leva aos altos cimos da vitória.
Nem sempre quem mais corre a meta alcança,
Nem mais longe o mais forte o disco lança;
Mas se és certo em ti, vai firme, vai em frente,
Com a decisão firmada em tua mente.

S. J. ROQUE

ÍNDICE

1. **ASPECTOS CONCEITUAIS SOBRE O REPRESENTANTE,** 13
1.1. Conceito dado pela lei, **15**
1.2. A lei regulamentadora, **17**
1.3. Como deve ter surgido o representante comercial autônomo, **19**
1.4. A autonomia funcional, **20**
1.5. Negócios mercantis, **21**

2. **REGISTRO NO ÓRGÃO PÚBLICO COMPETENTE,** 23
2.1. A necessidade de registro, **25**
2.2. Meios para o exercício da profissão, **27**
2.3. O processo de registro e documentação, **28**
2.4. Vedações à pretensão do candidato, **29**

3. **O ÓRGÃO SUPERVISOR DAS ATIVIDADES DO REPRESENTANTE,** 31
3.1. Visão geral dos Conselhos, **33**

3.2. Composição e administração dos Conselhos, **34**
3.3. Competência do Conselho Regional, **35**
3.4. O processo disciplinar, **36**
3.5. As infrações previstas em lei, **39**
3.6. A respeito das sanções, **41**
3.7. O exercício ilegal da profissão, **42**
3.8. O Sindicato dos Representantes, **42**

4. **DO CONTRATO DE REPRESENTAÇÃO COMERCIAL,** 45
4.1. Aspectos conceituais de contrato, **47**
4.2. Características do contrato, **48**
4.3. Cláusulas obrigatórias do contrato, **53**
4.4. A denúncia do contrato, **57**
4.5. Será contrato de adesão?, **58**

5. **DA RESCISÃO DO CONTRATO DE REPRESENTAÇÃO COMERCIAL,** 61
5.1. Resolução, resilição, rescisão, **63**
5.2. Rescisão pelo representante, **64**
5.3. Rescisão pelo representado, **66**
5.4. Direito à indenização, **70**
5.5. Impedimento por saúde do representante comercial autônomo, **70**
5.6. Indenização pelo rompimento do contrato, **70**
5.7. Pré-aviso perigoso, **75**

6. **FORO COMPETENTE DO CONTRATO,** 77
6.1. A eleição de foro, **79**
6.2. A adoção do melhor sistema, **80**
6.3. A cláusula compromissória, **81**

7. **A CLÁUSULA *DEL CREDERE*,** 83
7.1. Aspectos conceituais da cláusula, **85**
7.2. Comissões no caso de inadimplemento, **86**
7.3. A tentativa de imposição da cláusula, **87**

8. **DA REMUNERAÇÃO DO REPRESENTANTE,** 89
8.1. Bases do pagamento das comissões, **91**
8.2. Apresentação de notas fiscais, **92**
8.3. Garantias do pagamento, **93**
8.4. Isenção ou retenção de comissões, **94**
8.5. Prescrição do direito à comissão, **94**
8.6. Comissão póstuma, **95**
8.7. Na rescisão injusta do contrato, **95**
8.8. A possível recusa da venda, **96**
8.9. Comissão por venda desfeita, **97**
8.10. O prazo para pagamento da comissão, **98**

9. **O REPRESENTANTE COLABORADOR,** 99
9.1. O contrato de colaboração, **101**
9.2. A rescisão do contrato de representação contratada, **102**
9.3. Os prazos de atendimento, **102**

10. **OBRIGAÇÕES DAS PARTES CONTRATANTES,** 105
10.1. Obrigações do representante, **107**
10.2. Obrigações do representado, **109**

11. **A FALÊNCIA DO REPRESENTADO,** 111
11.1. Os institutos falimentares, **113**
11.2. A comissão na recuperação judicial, **114**
11.3. A comissão na falência, **115**

12. A REPRESENTAÇÃO COM MANDATO, 117
12.1. Sentido da representação, **119**
12.2. Representação em juízo, **120**

13. A EXCLUSIVIDADE DA REPRESENTAÇÃO, 123
13.1. A exclusividade do representado, **125**
13.2. A exclusividade de zona, **126**

14. UM MODELO DE CONTRATO, 129
14.1. Contrato modelo, **131**
14.2. Comentários sobre o modelo, **136**

15. CONTRATO DE AGÊNCIA, 141
15.1. Origem legislativa, **143**
15.2. Contratos distintos, **144**
15.3. Diferenças marcantes, **144**
15.4. Análise do conceito, **145**
15.5. Legislação pertinente, **147**
15.6. Características do contrato de agência, **148**
15.7. Exclusividade de zona e representação, **148**
15.8. Rescisão do contrato de agência, **150**
15.9. Causas da rescisão, **152**
15.10. Código Civil: contrato de agência e distribuição, **153**

16. CONTRATO DE DISTRIBUIÇÃO, 157
16.1. Diferenças entre agência e distribuição, **159**
16.2. Partes do contrato, **160**
16.3. Aplicação do contrato de distribuição, **161**

17. DOS CONTRATOS DE COLABORAÇÃO, 165
17.1. Áreas primordiais da empresa industrial, **167**
17.2. Separação das áreas, **168**

17.3. O dinamismo empresarial, **169**
17.4. A entrada do intermediário, **169**
17.5. Características dos contratos de colaboração, **170**
17.6. A mão invisível, **171**
17.7. A lição de Balzac e Dickens, **173**
17.8. Matizes especiais dos contratos de colaboração, **174**

18. CONTRATO DE CONCESSÃO MERCANTIL, 177
18.1. Características gerais do contrato, **179**
18.2. A mercadoria vendida, **181**
18.3. A assistência técnica, **182**
18.4. Direitos do concessionário, **182**
18.5. Deveres do concessionário, **184**
18.6. Deveres e direitos do concedente, **185**
18.7. Prazo do contrato, **186**
18.8. A resolução do contrato, **186**
18.9. Foro competente, **187**
18.10. Venda direta pelo concedente, **188**
18.11. Quota de venda, **189**
18.12. Índice de fidelidade, **190**
18.13. Estoque obrigatório, **191**
18.14. As convenções da marca, **192**
18.15. Legislação pertinente, **194**
18.16. Texto da Lei 6.729/79, **197**

19. CONTRATO DE *TRADING*, 213
19.1. Aspectos conceituais, **215**
19.2. As partes do contrato de *trading*, **217**
19.3. Regulamentação das *trading companies*, **218**
19.4. Origem das *trading company*, **220**
19.5. Utilidades e vantagens, **221**
19.6. Entrepostagem, **223**
19.7. O Decreto-lei 1.248/72, **225**

20. **CONTRATO DE COMISSÃO MERCANTIL,** 231
20.1. Conceito e partes, **233**
20.2. Pioneirismo do contrato, **235**
20.3. Deveres e responsabilidades do comissário, **236**
20.4. Direitos do comissário, **237**
20.5. Cláusula *del credere*, **238**
20.6. Código Civil: Contrato de Comissão, **239**

21. **CONTRATO DE MANDATO,** 243
21.1. Conceito e características, **245**
21.2. Tipos de mandato, **247**
21.3. O mandato *ad judicia*, **248**
21.4. O instrumento de mandato, **248**
21.5. Das obrigações do mandatário, **249**
21.6. Das obrigações do mandante, **251**
21.7. Da extinção do mandato, **251**
21.8. Código Civil: contrato de mandato, **255**

22. **SOLUÇÃO SENSATA DE CONTROVÉRSIAS,** 263
22.1. O surgimento de litígios, **265**
22.2. Necessidade de fórmulas alternativas de solução de problemas, **266**
22.3. Características e vantagens da arbitragem, **269**
22.4. Tipos de arbitragem, **274**
22.5. Como se institui o juízo arbitral, **276**
22.6. O passivo judicial das empresas, **279**
22.7. A remuneração da arbitragem, **280**
22.8. As raízes brasileiras da arbitragem, **281**
22.9. As lições do passado, **282**

23. **A LEI 4.886/65,** 285

1. ASPECTOS CONCEITUAIS SOBRE O REPRESENTANTE

1.1. Conceito dado pela lei
1.2. A lei regulamentadora
1.3. Como deve ter surgido o representante comercial autônomo
1.4. A autonomia funcional
1.5. Negócios mercantis

1.1. Conceito dado pela lei

Entre os agentes auxiliares da empresa, assumiu em nossos dias papel de primordial importância o representante comercial autônomo. Ele substituiu o vendedor funcionário, dispensando a manutenção de vultoso departamento de vendas e custoso quadro de pessoal. O representante comercial autônomo, o RCA, é o profissional de vendas; encarrega-se da conquista da clientela e colocação dos produtos da empresa num determinado território. Pertence o RCA a uma profissão regulamentada pela Lei 4.886/65 e só poderá exercê-la se for inscrito no órgão específico, o Conselho dos Representantes Comerciais Autônomos, na seção regional da jurisdição em que atuar.

Uma boa definição deste profissional nos é dada pelo artigo 1º da Lei 4.886/65:

> *Exerce a representação comercial autônoma a pessoa jurídica ou a pessoa física, sem relação de emprego, que desempenha, em caráter não eventual, por conta de uma ou mais pessoas, a mediação para a realização de negócios mercantis, agenciando propostas ou pedidos, para transmiti-los aos representados, praticando ou não atos relacionados com a execução de negócios.*

Essa definição dá margem a vários comentários. O nome deveria ser apenas de **representante**, ou **representante mercantil**, dispensando o autônomo, pois, se diz *sem relação de emprego*, fica claro que é autônomo. Não é necessário que constitua sociedade mercantil, com registro na Junta Comercial, mas a lei não veda que seja sociedade civil, registrada no Cartório de Registro Civil de Pessoas Jurídicas. Haverá, entretanto, um aspecto interessante: uma sociedade civil para realização de negócios mercantis.

Característica sugestiva do RCA é que poderá ser *pessoa física* ou *pessoa jurídica*. A pessoa física é hoje chamada pelo Código Civil de *pessoa natural*, mas não está descartada a designação de pessoa física: por ser um indivíduo, a pessoa natural, de existência provada pela Certidão de Nascimento. Poderá ser também **Empresário Individual**, chamado também de **Firma Individual** ou **Razão Individual**. Existem, porém, discussões sobre essa figura jurídica: acham alguns que não é mais uma pessoa física, mas jurídica, enquanto outros acham que, sendo uma pessoa individual, deve ser pessoa física.

A maioria dos juristas veem na empresa individual uma pessoa jurídica, tanto que ela é registrada na Junta Comercial e esse órgão não registra pessoas naturais, pois essa função cabe ao Cartório de Registro Civil de Pessoas Naturais. Assim, por exemplo: **João dos Santos Passos**, um cidadão com certidão de nascimento, registra-se na Junta Comercial como empresário individual, recebendo certidão de registro. São duas pessoas com o mesmo nome, tanto que há uma certidão para cada pessoa: uma do Cartório de Registro Civil de Pessoas Naturais e outra da Junta Comercial. Se o cidadão civil JOÃO DOS SANTOS PASSOS vai jantar em um restaurante estará praticando um ato civil, pessoal. Se a firma **João dos Santos Passos** é dona de um restaurante e fornece jantar a seu cliente é a pessoa jurídica que estará praticando esse ato: é um ato empresarial

Além disso, o RCA poderá ser pessoa jurídica constituída de duas ou mais pessoas físicas, formando uma empresa, tendo nome próprio, como **Representações Bella Cosenza Ltda**. Parece claro e óbvio, mas surge ainda uma dúvida: será uma empresa civil ou uma empresa mercantil, que o Código Civil chama de sociedade empresária? Alguns acham que essa empresa é uma prestadora de serviços, devendo então ser uma sociedade simples, tal como é regulamentada no Código Civil.

1.2. A lei regulamentadora

A lei regulamentadora dessa profissão é a Lei 4.886/65, com 45 anos de idade; embora tenha sofrido algumas modificações, estas não foram de molde a atualizá-la. Há falhas diversas na lei em vista do decurso do tempo e da evolução jurídica no Brasil, principalmente com o advento do novo Código Civil. Há imprecisão terminológica, com expressões já superadas na linguagem jurídica. O próprio termo *comercial* não é mais utilizado, transformando-se em palavra oca; seria mais apropriado dizer *representante mercantil* ou *representante empresarial*. O direito europeu não utiliza o termo *representante*, mas *agente*; para nós, seria recomendável a designação de *agente empresarial*.

Adotamos a denominação acima porque julgamos não totalmente adequado o termo representação aplicado para esse conceito. É termo polivalente, usado em várias acepções, mas em todas elas há um fundamento comum. Esse termo vem de *representare* = estar presente = apresentar; na sua etimologia figura sempre a **presença.**

Juridicamente, a representação é como a que existe no mandato, em que o representante (mandatário) pratica atos em nome do representado (mandante). O ato do mandatário vincula o mandante; obriga-o. Vamos citar um exemplo: Modestino tem um imóvel em Fortaleza e quer vendê-lo, mas não pode se deslocar até lá; nomeia então Ulpiano seu representante (mandatário) na capital cearense para vender o imóvel; Ulpiano vende o imóvel em nome de Modestino; é um ato jurídico perfeito e consumado; o contrato de compra e venda se aperfeiçoou.

Citemos outro exemplo de representação: Gaio tem dez anos de idade, sendo, portanto, absolutamente incapaz; ele compra um imóvel, mas não pode assinar; entretanto, Paulo é nomeado seu representante e assina por ele a compra e venda. É ato consumado.

Não é o que acontece com a representação comercial autônoma: quando o RCA apanha o pedido de um cliente, encaminha-o ao representado que, se o aprovar, venderá a mercadoria. O RCA não representou o vendedor, mas foi apenas o intermediário da operação; ele não praticou o ato de vender em nome do representado. O contrato de compra e venda será estabelecido depois entre o representado (vendedor) e o autor do pedido (comprador), e não pelo RCA.

No presente momento, isto é, no moderno direito, ficou inadequado o termo **mediação**, devendo ser **intermediação**, o termo mais apropriado. A mediação é um processo de resolução de litígios entre pessoas, fazendo parte da arbitragem. Há na Câmara dos Deputados, embora bloqueado, um projeto já aprovado pela Câmara dos Deputados e pelo Senado, instituindo a mediação judicial. Por isso, julgamos inconveniente a vulgarização desse termo, para não descaracterizar o instituto da mediação.

Por essas considerações, voltamos à nossa opinião de que designação de representante comercial autônomo é formada por três palavras inadequadas. Voltamos então à nossa sugestão de que a designação mais apropriada seria agente empresarial ou agente mercantil. Pelo que parece, essa é igualmente a opinião de nosso Código Civil, que regulamentou o contrato de agência, chamando seu profissional de agente. Quanto aos termos de *comercial* e *autônomo*, já tivemos a oportunidade de apontar a inconveniência dessas duas expressões.

A moderna linguagem do Direito Empresarial repudia expressões como *comerciante, comércio, comercial* e outras derivadas. A designação de Direito Comercial dada ao ramo do direito em que se situa esta questão foi deixada de lado, adotando-se Direito Empresarial. Os países de língua espanhola chamam-no **Derecho Mercantil**, antiga denominação que, entretanto, ressurge nos dias atuais. A expressão negócio tornou-se ambivalente com o novo Código Civil, que criou o instituto do *negócio jurídico*, regulamentando-o nos artigos 104 a 114, em substituição a *ato jurídico*. A Lei 4.886/65 usa a expressão *negócio mercantil*, que parece mais adequada, embora, logo a seguir, fala só negócios. Fala alhures em *negócios comerciais*.

Também a expressão prazo determinado e prazo indeterminado sofreram evolução na linguagem jurídica. Prazo é sempre um período de tempo determinado, marcado; não existe, portanto, prazo indeterminado; se é prazo é determinado. Poder-se-ia dizer por tempo determinado e por tempo indeterminado.

1.3. Como deve ter surgido o representante comercial autônomo

Oficialmente o RCA surgiu em 1965, com a promulgação da Lei 4.886/65. Todavia, ele deve ter existido desde tempos imemoriais, pois o nosso revogado Código Comercial já fazia referência ao caixeiro-viajante e anteriormente era muito comentada a figura do viajante ou vendedor viajante. O Código Civil italiano, de 1942, regulamentou essa figura e o contrato respectivo, dando-lhe o nome de agente e ao contrato o nome de agência, nos artigos 1742 a 1753. Reflexo dessa regulamentação é o contrato de agência e distribuição, que o Código Civil trata nos artigos 710 a 721. É profissão, possivelmente adotada em todo o mundo e sua origem e evolução devem ser semelhantes à do Brasil. Baseados em lendas, tradições e imaginações, podemos traçar uma história pelo menos lógica do que aconteceu, invocando um velho provérbio italiano: **se non è vero è bene trovato**.

Consta que na idade da pedra o homem primitivo bastava-se em tudo que precisasse; vivia de forma independente e livre, sem subordinação aos outros seres humanos. Um dia ele matou um animal com uma machadada tão forte que quebrou o machado. Como o animal era grande, havia carne sobrando e ele procurou seus vizinhos até encontrar um que tivesse um machado sobrando e lhe propôs uma troca: o machado por um bom suprimento de carne. E as duas partes saíram satisfeitas com a transação. Foi o primeiro contrato de escambo da história. Um tinha a mercadoria que faltava ao outro e vice-versa; a troca conciliou o interesse de ambas as partes.

1.4. A autonomia funcional

O próprio nome do profissional, representante comercial autônomo, indica a autonomia de sua atividade, a falta de subordinação funcional. A afirmação é do artigo 1º da Lei, **sem relação de emprego** deixa claro que o RCA não pode ser empregado. Essa condição também é confirmada quando diz que o RCA pode ser pessoa física ou jurídica, segundo as normas trabalhistas não é possível pessoa jurídica ser empregada.

Cabe, porém, uma discussão: e se for pessoa física, não poderia ser empregada? No exame dos pormenores da profissão e do contrato de representação comercial chega-se à conclusão de que, mesmo sendo pessoa física, não será empregada da empresa representada. Não há identidade conceitual entre as duas funções. A diferença primordial é a falta de subordinação do representante perante a representada. E essa subordinação, a dependência do empregado perante o empregador, é condição reconhecida pelo artigo 3º da CLT, ao conceituar o empregado:

> *Considera-se empregado toda pessoa física que prestar serviços de natureza não eventual a empregador, sob dependência deste e mediante salário.*

Há realmente alguns elementos comuns: ambos prestam serviços de natureza não eventual. A habitualidade é característica essencial no exercício da profissão de RCA como do vendedor vinculado à empresa por contrato de trabalho. Ambos fazem da compra e venda a sua profissão.

Por outro lado, o empregado recebe salário e o representante comissão. O vendedor empregado poderá receber também comissão sobre as vendas, mas esta integrará o seu salário. Se o vendedor empregado nada vender, terá direito de receber ao menos o salário-mínimo, enquanto o representante nada receberá se não vender.

Tanto o representante como o vendedor empregado poderão ter zona limitada para atuar. Ambos podem ser exclusivos ou não, vale dizer, o vendedor empregado poderá ser vinculado totalmente ao empregador se assim constar no contrato de trabalho, da mesma forma que o RCA pode atuar, como diz o artigo 1º, por conta de uma ou mais pessoas. Os dois estão subordinados aos deveres de fidelidade, produtividade, lealdade e colaboração com a contraparte.

Porém, a característica primordial do RCA é a sua autonomia funcional. Ele não está subordinado à representada na sua atividade profissional. Se ele deseja iniciar o trabalho após o meio-dia, o horário é de sua escolha, não podendo a empresa representada impor-lhe horário; ele não está submisso às determinações da representada. Ele traça as diretrizes de seu trabalho, faz o roteiro de suas visitas. Esse regime de trabalho não se observa na ação do vendedor empregado.

Pelo lado do vendedor empregado, a característica evidente é a pessoalidade. O compromisso decorrente do contrato de trabalho é pessoal, *intuitu personae*. Só o empregado contratado poderá executar o serviço que lhe é atribuído pelo empregador. Não é o que acontece com o RCA; ele admite pessoas para trabalhar sob sua dependência; essas pessoas executam o mesmo serviço sob sua delegação. Há diversos representantes que trabalham em conjunto com sua esposa ou sua família.

1.5. Negócios mercantis

Diz o parágrafo único do artigo 1º que quando a representação comercial incluir poderes atinentes ao mandato mercantil, serão aplicáveis, quanto ao exercício deste, os preceitos próprios da legislação empresarial. Eis aqui outra referência à superação da Lei 4.886/65; antes de 2002 havia dois tipos de mandato: um regulamentado pelo Código Civil e outro pelo Código Comercial, este último chamado mandato mercantil. Entretanto, o Código Civil de 2002 eliminou o mandato mercantil sobre apenas o mandato civil, que está regulamentado nos artigos 653 a 674 do Código.

O parágrafo 1º da Lei 4.886/65 considera-se revogado. Todavia, grande parte de suas disposições passaram para o código atual. Vamos transcrever o artigo 653, que abre o Capítulo X, revelando o conceito legal do mandato:

> *Opera-se o mandato quando alguém recebe de outrem poderes para, em seu nome, praticar atos ou administrar interesses. A procuração é o instrumento do mandato.*

O RCA pode ser mandatário da representada, o seu procurador pode receber procuração da representada para, em nome dela, empreender a ação judicial de cobrança, por exemplo. Pode receber mandato para firmar contrato de propaganda ou outros contratos em nome da representada em operações fora dos deveres profissionais; nesta está inserido mandato para realizar negócios mercantis.

Os negócios mercantis ficam identificados logo em seguida: *agenciando propostas ou pedidos para transmiti-los aos representados*. Assim, a Lei dá a entender que o RCA é, antes de tudo, um vendedor. Ele vende os produtos fabricados por empresas industriais, remetendo a estas os pedidos de compra. A execução do contrato fica por conta da representada, que se encarrega de faturar e entregar a mercadoria ao comprador. Esses negócios são chamados mercantis por se referirem à venda de mercadorias, o que nos faz supor que não há RCA para vender serviços; neste caso, seria corretor. Mercantil vem de mercadoria, mercado e faz família de palavras com outras derivadas, como mercante, mercadologia, mercancia, ou o termo inglês *merchandising*.

2. REGISTRO NO ÓRGÃO PÚBLICO COMPETENTE

2.1. A necessidade de registro
2.2. Meios para o exercício da profissão
2.3. O processo de registro e documentação
2.4. Vedações à pretensão do candidato

2.1. A necessidade de registro

Seja pessoa física, seja pessoa jurídica, é obrigatório o registro do RCA no seu órgão competente de registro, que é o Conselho dos Representantes Comerciais Autônomos, com jurisdição em todo o território nacional, exercendo suas funções em cada Estado por meio do Conselho Regional. O órgão que superintende as atividades do RCA no Estado de São Paulo é o CORCESP – Conselho Regional dos Representantes Comerciais do Estado de São Paulo. Cada Estado tem seu órgão regional. O CORCESP é bastante efetivo, organizado e importante.

Dos 49 artigos da Lei 4.886/65, 25 cuidam da questão de registro e órgão público, o que vem demonstrar que a lei que regulamenta a representação comercial autônoma está desequilibrada e falha, quando deveria normatizar melhor as atividades do representante. Contudo, fica clara essa realidade: só pode ser RCA quem estiver registrado no seu conselho, e quem não estiver registrado não é RCA e, portanto, não pode ser aplicada a ele a Lei 4.886/65. É o que diz o art. 5º:

> Somente será devida remuneração, como intermediação de negócios comerciais, a representante devidamente registrado.

Trata-se de exigência legal, pois é uma profissão regulamentada por essa lei, e ela só atinge a quem atender a todos os requisitos que lhe são devidos. Todavia, o profissional deverá estar enquadrado em algum regime jurídico e ser tutelado pela lei. O que não pode é ficar à margem da lei; ele terá que estar submetido a um regime jurídico ou a outro. Ou ele é um RCA sob a Lei 4.886/65 ou ele é vendedor empregado submetido à CLT. Esta foi a conclusão recente do TRT de São Paulo, ao julgar a decisão de juiz trabalhista.

Segundo essa jurisprudência, um vendedor moveu ação trabalhista contra sua empregadora, exigindo pagamento de verbas rescisórias de contrato de trabalho, inclusive FGTS. A empresa contestou dizendo que o reclamante era RCA, estando, portanto, fora do alcance da CLT. Entretanto, o empregador alegou ser o contrato de representação apenas verbal e por isso não foi registrado no CORCESP. A decisão do TRT foi de que está caracterizado o reclamante como não sendo RCA, bastando a ausência do registro para negar-lhe tal condição.

Se fizermos exame mais cuidadoso do art. 5º, notaremos que ele não é muito preciso. Dá a impressão de que só o RCA está autorizado a ser *mediador de negócios mercantis*; mas não é assim. O agente, o distribuidor, o *trading*, o comissário mercantil, o mandatário, o comissário, todos são *mediadores de negócios mercantis* e todos fazem jus à sua comissão. O que a Lei 4.886/65, no seu artigo 5º, quer dizer é que só quem é registrado no Conselho dos Representantes Comerciais pode ser representante comercial autônomo e invocar a Lei 4.886/65 para reclamar seu direito à comissão. Quem não estiver registrado, todavia, poderá invocar outras normas, como o Código Civil, para reclamar sua comissão por ter agido como mediador de negócios mercantis.

Além disso, outros fatores corroboram a ausência de tipo de vínculo. Para ser RCA, é preciso haver estrutura, ainda que mínima, para o exercício desta profissão, como: domicílio empresarial, contabilidade própria, registro na Prefeitura, escritório apropriado e alguns fatores extras, como telefone de classe empresarial. Esses fatores não foram provados pela reclamada. Por outro lado, o vendedor não pode ficar ao desamparo da lei, e a única lei adequada a este caso seria a trabalhista. Com esses argumentos, foi confirmada a condenação da empresa ao pagamento das verbas rescisórias, de acordo com a lei trabalhista.

2.2. Meios para o exercício da profissão

Merecem também comentários as referências quanto aos meios suficientes ao exercício da profissão, cuja existência reforça a caracterização do profissional como RCA. Outra decisão jurisprudencial declarou impenhoráveis certos bens de um RCA que fora executado. Não foi possível aceitar penhora de seu automóvel, por ser instrumento essencial ao seu trabalho; igualmente a agenda, o computador portátil (*laptop*), o telefone e outros bens do escritório do RCA.

Por menor que seja, há algumas exigências para a estrutura mínima da representação. Pode funcionar na própria residência do representante, uma vez que esse tipo de serviço não exige instalações físicas mais complexas. Esta é uma das vantagens da profissão; não há necessidade de depósito ou salão de vendas, acumulação de estoques ou lojas.

Apesar da simplicidade da organização, de início a representação necessita de uma loja ou escritório, um telefone, um computador. Impõe-se um meio de organização científica, como planejamento mercadológico, cadastro de clientela, levantamento e mapas das regiões em que exercerá as atividades. Às vezes, cartões de visita, papel timbrado, envelopes, um *e-mail*, registro na Internet, mensagem gravada em uma secretária eletrônica.

Tudo isso junto com o registro no CORCESP constituem garantias e facilidades às empresas representadas ou interessadas em obter representantes. O CORCESP é fonte de informações e orientações a quem deseja contratar o representante. O representante devidamente registrado no seu órgão passa por uma seleção, devendo apresentar documentos, folha corrida e atender a vários requisitos. É, portanto, um profissional selecionado e dotado de *curriculum vitae* comprovado. Está submetido a um código de ética e responde perante seu órgão. Submete-se a constante treinamento e a vários programas de aprimoramento profissional.

2.3. O processo de registro e documentação

Pessoa jurídica

O candidato a RCA deverá requerer seu registro no Conselho Regional de sua região, ou seja, a seccional do Estado em que ele estiver domiciliado e onde irá atuar. Pode ser pessoa física ou jurídica; neste último caso, deverá apresentar prova de sua existência legal, como o contrato social devidamente registrado no órgão público competente. O requerimento é feito normalmente, em modelo do próprio conselho, e assinado por um administrador da empresa requerente e que irá ser o representante da empresa no Conselho Regional.

Este sócio deverá apresentar documento de identidade, CPF, comprovante de quitação com o serviço militar, título e quitação eleitoral e comprovante de endereço. Muitas vezes, são exigidas fotografias. O sócio que assina o requerimento é o representante responsável perante o Conselho Regional. Ao efetivar o registro, ele receberá a certidão de registro e a carteira profissional.

Deve apresentar prova de quitação com a contribuição sindical, a cópia de guia padronizada, em favor do SIRCESP – Sindicato dos Representantes Comercial do Estado de São Paulo.

O responsável perante o Conselho deverá assinar o *Termo de Conhecimento*, em impresso fornecido pelo Conselho, que informa procedimentos para manutenção e baixa do registro profissional e traz outras informações sobre o registro.

Pessoa física

Se for pessoa física, deverá apresentar documento de identidade, título de eleitor com prova de cumprimento de deveres eleitorais e prova de quitação com o serviço militar (exceto estrangeiros e mulheres). E também folha corrida dos cartórios criminais da localidade em que o candidato a registro tiver residido nos últimos dez anos. Junta-se também prova de pagamento do imposto sindical.

O pedido de registro é feito ao Conselho Regional. Entretanto, é possível que a representação possa abranger regiões situadas sob a jurisdição de outro Estado. É o exemplo do candidato que solicita sua inscrição no Conselho Regional de Pernambuco, mas sua atuação abrange também os Estados vizinhos da Paraíba e do Rio Grande do Norte. Neste caso, ele deverá requerer sua inscrição também nestes dois Estados.

Deve ser assinado o *Termo de Conhecimento*, geralmente no impresso fornecido pelo próprio Conselho, com assinatura reconhecida. Este termo diz que o candidato tem conhecimento do regime a que está submetido, de seus deveres, de suas responsabilidades, da manutenção e baixa do registro, entre outros informes.

Duas ou mais fotografias devem ser entregues, inclusive para a formalização da carteira profissional. Junta-se comprovante de endereço, que poderá ser original de conta de água, luz, telefone ou correspondência bancária com prazo não superior a 60 dias.

2.4. Vedações à pretensão do candidato

Há vários empecilhos para quem se candidata à profissão. Em primeiro lugar, não pode ser RCA quem não puder ser administrador de empresa. O termo *administrador* aqui empregado tem um sentido bem restrito: administrador é o dirigente da empresa; a pessoa designada no ato constitutivo como responsável por ela. Vamos enumerar os casos:
1. Na sociedade anônima, é o membro da Diretoria ou do Conselho Deliberativo;
2. Nas sociedades de capital e de pessoas, como a sociedade limitada e a sociedade simples, é o representante legal, aquele que responde pela empresa;
3. Na sociedade em comandita, é o sócio comanditado;
4. Na sociedade em nome coletivo, são todos os sócios.

Também não pode ser falido. Não há indicação de quem é considerado falido, mas devemos interpretar o falido de acordo com a atual lei falimentar, chamada de Lei de Recuperação de Empresas, a Lei 11.101/2005. É o empresário individual, registrado na Junta Comercial como empresa individual. É também o sócio com responsabilidade solidária e ilimitada, como o sócio comanditário e o sócio da sociedade em nome coletivo.

Não se considera falido o sócio de uma sociedade falida; quem faliu foi a empresa e não as pessoas que a compõem. Entretanto, vários conselhos regionais têm apresentado resistência ao registro de administrador de empresa falida, se ele estiver respondendo a processo criminal por crimes falimentares, ainda que não julgado. Se tiver sido condenado, poderá ser reabilitado para ser aceito. Também não poderá se candidatar se tiver sido punido com o cancelamento de sua matrícula no órgão público competente.

Não pode ser RCA quem tenha sido condenado por infração penal de natureza infamante, tais como falsidade, estelionato, apropriação indébita, contrabando, roubo, furto, lenocínio ou crimes também punidos com a perda de cargo público.

3. O ÓRGÃO SUPERVISOR DAS ATIVIDADES DO REPRESENTANTE

3.1. Visão geral dos Conselhos
3.2. Composição e administração dos Conselhos
3.3. Competência do Conselho Regional
3.4. O processo disciplinar
3.5. As infrações previstas em lei
3.6. A respeito das sanções
3.7. O exercício ilegal da profissão
3.8. O Sindicato dos Representantes

3.1. Visão geral dos Conselhos

Fica difícil interpretar as atividades do RCA sem a sua vinculação com o órgão que supervisiona e fiscaliza suas ações, que é o Conselho Federal dos Representantes Comerciais Autônomos, situado na capital da República. Esse órgão exerce sua ação em cada Estado graças ao Conselho Regional, como é o caso do CORCESP – Conselho Regional dos Representantes Comerciais do Estado de São Paulo. Com mais de 300 mil inscritos, o órgão paulista é importante, poderoso, organizado e de grande influência na economia do Estado. De efetiva e vigorosa atuação, obedece à imposição legal de não se imiscuir em política ou em movimentos estranhos à atividade específica do RCA.

Cada Conselho Regional escolhe dois delegados para representá-lo perante o Conselho Federal, formando o órgão máximo. Cabe-lhe ainda elaborar seu regimento interno e aprovar o regimento interno dos Conselhos Regionais. As dúvidas suscitadas pelos Conselhos Regionais ou os recursos relativos às decisões destes serão dirimidos pelo Conselho Federal, bem como todos os casos omissos. É órgão legislador, baixando normas em complementação à Lei 4.886/65.

A renda do Conselho Federal será constituída de 20% da renda bruta dos Conselhos Regionais. As repartições federais, estaduais e municipais, ao receberem tributos relativos à atividade do representante comercial, pessoa física ou jurídica, exigirão prova de seu registro no Conselho Regional da respectiva região.

Da propaganda realizada pelo RCA deverá constar, obrigatoriamente, o número da carteira profissional. As pessoas jurídicas farão constar, também, da propaganda, além do número da carteira do representante comercial responsável, o seu próprio número de registro no Conselho Regional.

O exercício financeiro dos Conselhos Federal e Regionais coincidirá com o ano civil. As Diretorias do Conselho Federal e dos Conselhos Regionais prestarão contas da sua gestão ao próprio Conselho, até o dia 15 de fevereiro de cada ano. Por seu turno, os Conselhos Regionais prestarão contas até o último dia do mês de fevereiro de cada ano ao Conselho Federal. A Diretoria do Conselho Federal prestará contas ao respectivo plenário até o último dia do mês de março de cada ano.

3.2. Composição e administração dos Conselhos

O Conselho Regional é composto pelo Presidente do Sindicato e de outros dirigentes sindicais, formando 2/3 de seus membros. O outro terço é formado por RCAs em exercício efetivo da profissão, eleitos por assembleia dos inscritos. O Conselho Regional elegerá seu Presidente em assembleia, de acordo com o regimento interno. O número máximo será de trinta membros, e o mínimo será estabelecido no regimento interno, todos com mandato gratuito de três anos. A aceitação do cargo de Presidente, Secretário ou Tesoureiro importará na obrigação de residir na localidade em que estiver sediado o respectivo Conselho.

O Conselho Federal e os Conselhos Regionais serão administrados por uma Diretoria, que não poderá exceder a um terço dos seus integrantes. Os Presidentes dos Conselhos Federal e Regionais completarão o prazo do seu mandato, caso sejam substituídos na presidência do sindicato. Constituem renda dos Conselhos Regionais as contribuições e multas devidas pelos RCAs, pessoas físicas ou jurídicas, neles registrados.

3.3. Competência do Conselho Regional

A função maior do Conselho Regional é efetuar o registro dos RCAs, pessoas físicas ou jurídicas, em conformidade com a lei, mantendo o cadastro profissional deles. Ao conceder a inscrição, o Conselho Regional expede a carteira profissional do representante e faz nela as anotações necessárias.

Elabora e mantém atualizado o regimento interno e estabelece normas regulamentares das atividades exercidas pelos RCAs e fixa as contribuições e emolumentos que serão devidos pelos representantes registrados, tanto pessoas físicas como jurídicas.

Função importante e delicada do CR é impor as sanções disciplinares a seus membros previstas na Lei 4.886/65 e nas normas internas. No caso de reincidência ou falta manifestamente grave, o RCA poderá ser suspenso do exercício de sua atividade ou ter cancelado seu registro. Há quatro penas disciplinares aplicáveis ao RCA faltoso pelo Conselho Regional:
- Advertência, sempre sem publicidade.
- Multa até a importância equivalente ao maior salário-mínimo vigente no País.
- Suspensão do exercício profissional até um ano.
- Cancelamento do registro, com apreensão da carteira profissional.

A competência do Conselho Regional dá-lhe alta dose de autoridade, mas igualmente de responsabilidade. Deve cumprir sua missão com eficácia e equilíbrio, com rígida obediência às normas. Em caso de inobservância das prescrições legais, caberá intervenção do Conselho Federal nos Conselhos Regionais, por decisão da Diretoria, *ad referendum* da reunião plenária, assegurado, em qualquer caso, o direito de defesa. A intervenção cessará quando do cumprimento da lei.

3.4. O processo disciplinar

1. *Instrução do processo*

As penas disciplinares são aplicadas após processo regular, sem prejuízo, quando couber, da responsabilidade civil ou criminal. As infrações disciplinares serão apuradas em processo administrativo, mediante representação de qualquer autoridade pública ou pessoa interessada, ou de ofício pelo Conselho Regional. A representação só será recebida se for apresentada com firma reconhecida e desde que mencione a residência do seu autor, facultando ao Presidente do Conselho a sua ratificação, na sede da entidade. A representação deverá ser precisa, relativamente à falta imputada ao representante, com todas as suas circunstâncias, a qualificação do acusado e, quando necessário, o rol das testemunhas, indicando, ainda, as provas já existentes ou a serem feitas para a sua apuração regular. A representação será arquivada quando o fato narrado não constituir falta disciplinar, ou quando, embora intimado a sanar falhas ou omissões de sua petição, o seu autor deixar de atender, no prazo de dez dias. O arquivamento da representação não impede a instauração do processo *ex officio*, desde que o Presidente do Conselho o determine, em despacho fundamentado.

O processo será iniciado por determinação do Presidente do Conselho Regional que, por meio de portaria, o fará distribuir a um de seus membros, para presidi-lo, e designará um funcionário do Conselho para Secretário.

2. *Notificações*

O acusado deverá ser citado, inicialmente, dando-se-lhe ciência do inteiro teor da denúncia ou queixa, sendo-lhe assegurado, sempre, o amplo direito de defesa, por si ou por procurador regularmente constituído. Esse processo será presidido por um dos membros do Conselho Regional, ao qual incumbirá coligir as provas necessárias. A citação será feita por ordem do Presidente do processo à pessoa do indiciado, para que, por si ou por intermédio de advogado regularmente constituído, venha promover sua defesa, que será ampla, em todo o curso processual, sendo assegurado o direito de acompanhar e intervir em todas as provas e diligências.

Achando-se o indiciado em lugar incerto e não sabido, do que ficará informação circunstanciada nos autos, a intimação será feita por edital publicado uma vez no Diário Oficial do Estado da sede do respectivo Conselho Regional e em jornal de grande circulação, editado na capital do Estado. Neste caso, o prazo para defesa prévia começa a correr no dia imediato ao da última publicação, e só após este prazo esgotado é que terá seguimento o processo disciplinar, com a designação obrigatória, pelo Presidente, de um defensor.

A autuação, a intimação e os demais atos do processo, no tocante à sua execução material e documentação, serão realizados, sob a imediata direção do Presidente, pelo Secretário designado. Apresentada a defesa prévia, ou decorrido o prazo para fazê-la, o Presidente do processo determinará, por despacho, que se realizem, no prazo de vinte dias, as provas necessárias ou convenientes à cabal apuração da representação.

3. *Fase probatória*

Para todas as provas e diligências do processo, o Presidente determinará, com antecedência mínima de três dias, a intimação do indiciado ou do seu advogado ou defensor. Se o indiciado, desde que tenha sido pessoalmente intimado, deixar de comparecer a qualquer dos atos ou termos do processo, a instrução prosseguirá independentemente de nova intimação.

O Presidente do processo ouvirá, quando for requerida e julgada necessária, a opinião de técnico ou perito, fixando prazo para entrega do respectivo laudo. Deferido o exame pericial, lavrar-se-á termo respectivo, submetido à assinatura do indiciado ou de seu advogado ou defensor, não implicando a assinatura em confissão, nem a recusa em agravação da falta.

Encerradas as provas de iniciativa da autoridade processante, ao acusado será permitido requerer e produzir, dentro de três dias, as suas provas, para o que deverá ser notificado, e, uma vez deferidas, se cabíveis ou pertinentes, ser-lhe-á assegurado produzi-las nos vinte dias subsequentes. Terminada a produção das provas do indiciado, poderá este oferecer, independentemente de nova intimação, nos cinco dias imediatos, sua defesa final, por escrito, e sustentar, oralmente, suas razões na sessão do julgamento. Esgotado esse prazo de vinte dias, o Presidente apresentará, dentro de dez dias, circunstanciado relatório; com este relatório, o processo disciplinar será encaminhado ao Conselho Regional respectivo, cujo Presidente determinará sua inclusão em pauta.

4. *Julgamento do processo*

O processo disciplinar será julgado em sessão plena do Conselho Regional. O Conselheiro que presidiu o inquérito presidirá, inicialmente, o seu relatório. A seguir, será dado ao acusado, ou a seu advogado ou defensor, o prazo de vinte minutos para sustentar, oralmente, suas razões. Em seguida, o Conselho passará a decidir em sessão secreta, na qual o Relator proferirá o seu voto, sucedendo-se a tomada do voto dos demais Conselheiros presentes. O Conselho decidirá por maioria de votos, inclusive o do seu Presidente. Em caso de empate, prevalecerá a decisão mais favorável ao indiciado.

Os atos e termos do processo disciplinar e as suas audiências, ressalvada a exceção da audiência de julgamento, serão públicas, realizando-se na própria sede do Conselho Regional, ou em outro local adequado, mediante prévia cientificação do acusado ou de seu advogado.

Quando ao representante comercial se imputar crime, praticado no exercício da profissão, a autoridade que determinou a instauração do processo disciplinar diligenciará, quando for o caso, para que se instaure o competente inquérito policial.

Da decisão dos Conselhos Regionais caberá recurso voluntário, com efeito suspensivo, para o Conselho Federal.

Compete aos Conselhos Regionais, em suas respectivas bases territoriais, apurar as faltas e punir disciplinarmente os representantes comerciais, na forma prevista pelo Código de Ética. O processo disciplinar perante o Conselho Regional não prejudica o processo civil ou penal que couber; são processos separados.

3.5. As infrações previstas em lei

O registro do RCA em seu órgão e sua investidura nas funções implicam o compromisso de bem e corretamente desempenhá-las, honrando sua classe profissional e sua profissão. No exercício de sua profissão, ou atividade, o RCA está sujeito ao dever de disciplina, pautando suas atividades dentro das normas legais, dos deveres éticos e das Resoluções e Instruções baixadas pelo Conselho Federal ou pelo Conselho Regional no qual se encontra registrado. As faltas cometidas pelo RCA, decorrentes de infrações das normas disciplinares, são graves ou leves, conforme a natureza do ato e as circunstâncias de cada caso.

Faltas leves

São consideradas leves as faltas que, não sendo por lei consideradas crimes, atentam contra sentimentos de lealdade e solidariedade naturais da classe, contra os deveres éticos e contra as normas de fiscalização da profissão, previstas na lei e nas instruções e resoluções dos Conselhos, principalmente a Resolução 5/2005 do CONFERE (Conselho Federal). Vamos enumerar algumas:
1. Deixar de indicar, em sua propaganda, em seus papéis e documentos, o número do respectivo registro no Conselho Regional e assinar documentos sem o número. Faltou com obrigação semelhante a do advogado.
2. Negar a quem de direito a apresentação da carteira profissional ou do certificado de registro.
3. Desrespeitar qualquer membro do Conselho Federal ou Regional no exercício de suas funções.
4. Agir com desídia no cumprimento das obrigações decorrentes do contrato de representação comercial.

Falta grave

São consideradas graves as faltas que a lei defina como crime contra o patrimônio, tais como o de furto, roubo, extorsão, apropriação indébita e estelionato; crime contra a fé pública, como o de moeda falsa, falsidade de títulos e outras falsidades; o de lenocínio e os crimes punidos com a perda de cargo público.

Além disso, são consideradas faltas graves:
1. Oferecer gratuitamente ou em condições aviltantes os seus serviços, ou empregar meios fraudulentos para desviar em proveito próprio ou alheio a clientela de outrem.
2. Anunciar imoderadamente, de modo a induzir em erro representados e concorrentes.
3. Aceitar a representação comercial de representados concorrentes, salvo quando autorizado por escrito.
4. Divulgar, por qualquer meio, falsa informação em detrimento ou prejuízo de colega seu.
5. Divulgar ou utilizar, sem autorização, violando sigilo profissional, segredo do negócio do representado que lhe foi confiado ou de que teve conhecimento em razão de sua atividade profissional, mesmo após a rescisão de seu contrato.
6. Promover a venda de mercadoria que se sabe ter sido adulterada ou falsificada.
7. Dar ou prometer dinheiro ou outro interesse a empregado de concorrente para que falte ao dever de emprego, proporcionando-lhe vantagem indevida.
8. Receber dinheiro ou outro interesse ou aceitar promessa de pagamento ou recompensa para, faltando ao dever à lealdade para com o representado, proporcionar a concorrente vantagem indevida.
9. Negar aos Conselhos Regionais e ao Conselho Federal dos Representantes Comerciais a colaboração que deva ou lhe seja pedida, nos termos da lei ou em função de sua qualidade de representante comercial.
10. Promover ou facilitar negócios ilícitos, bem como quaisquer operações e atos que estiverem proibidos, impedidos ou inabilitados.
11. Deixar de efetuar o pagamento de suas contribuições ao Conselho Regional no qual esteja registrado.

12. Auxiliar ou facilitar, por qualquer modo, o exercício da profissão ou atividade aos que estiverem proibidos, impedidos ou inabilitados.
13. Ter sido condenado em processo criminal com sentença condenatória do juiz criminal, com trânsito em julgado, por delito capitulado como falta grave no código de ética profissional estabelecido pela Resolução 5/2005 do CONFERE – Conselho Federal dos Representantes Comerciais.
14. Negar ao representado as competentes prestações de contas, recibos de quantias ou documentos que lhe tiverem sido entregues, para qualquer fim.
15. Prejudicar, por dolo ou culpa, os interesses confiados aos seus cuidados.

3.6. A respeito das sanções

As faltas leves são punidas com advertência, sem publicidade, ou com multa até a importância equivalente ao maior salário-mínimo vigente no País. Nestas faltas, se o infrator for primário, a penalidade será de advertência. Em casos de reincidência, será aplicada a pena de multa até a importância equivalente ao maior salário-mínimo do País.

A prática constante de faltas leves, cuja reincidência evidencie a incompatibilidade do infrator para com o exercício profissional, importará na aplicação da penalidade de suspensão até de um ano e, por fim, no cancelamento do registro profissional. Considera-se reincidência a repetição de falta leve já punida antes, dentro de dois anos, contados da data em que houver passado em julgado a decisão anterior.

Quando a infração for punida com a penalidade de multa, o seu não pagamento, no prazo de trinta dias a partir da decisão transitada em julgado, importará na aplicação de penalidade de suspensão do exercício da profissão, sem prejuízo da cobrança judicial. Destarte, uma falta leve tornou-se grave.

A penalidade de suspensão acarreta ao infrator a interdição do exercício profissional, podendo ser dosada de um mês a doze meses, conforme a intensidade da falta grave ou das circunstâncias de que o ato se reveste. A inobservância dessa interdição importará no cancelamento do registro profissional.

A penalidade de cancelamento do registro acarreta a perda do direito de exercer a profissão em todo o território nacional, motivo pelo qual a decisão condenatória passada em julgado será comunicada a todos os Conselhos Regionais. Aplicada a penalidade de cancelamento do registro, o Conselho Regional divulgará pela imprensa a sua decisão.

As penalidades impostas, mesmo a de advertência sem publicidade, serão anotadas na ficha de cadastro do infrator. Não será feita a anotação, todavia, na carteira profissional ou no certificado de registro.

3.7. O exercício ilegal da profissão

Não está prevista penalidade para quem exercer a profissão de RCA sem estar registrado no CORCESP. Se ele não estiver registrado, não pode estar submetido às suas normas. Entretanto, o órgão toma outras providências em defesa das prerrogativas do RCA. O exercício da representação comercial por quem não esteja habilitado na forma da lei, constituindo delito de contravenção penal por lei própria, será comunicado por qualquer interessado ao Conselho Regional, que dele dará conhecimento à autoridade policial para a instauração do competente inquérito.

3.8. O Sindicato dos Representantes

É muito importante este Sindicato perante sua categoria profissional, que recebeu o nome de *SIRCESP – Sindicato dos Representantes Comerciais e das Empresas de Representação Comercial do Estado de São Paulo* e que antecedeu ao CORCESP. Antes da Lei 4.886/65, ele predominava e ficou encarregado de organizar o Conselho dos Representantes, que foi criado por essa lei. Muito íntima é a conexão entre os dois órgãos, Conselho dos Representantes e Sindicato dos Representantes, tanto que eles estão sediados, em São Paulo, no mesmo edifício, no centro da cidade.

O SIRCESP é constituído pelos RCAs do Estado, tanto pessoa física como jurídica, ou seja, as empresas de representação comercial. Por isso, o CORCESP é formado totalmente pelos representantes, embora sejam entidades diferentes e com interesses que se chocam, apesar de trabalharem de forma sincronizada. O Conselho dos Representantes é órgão de controle das atividades de representação comercial, enquanto o Sindicato dos Representantes é órgão de defesa dos RCAs. Não é apenas a defesa de interesses que impulsiona o RCA, mas várias funções serão cumpridas por ele, de caráter social, educativo e outros.

São prerrogativas constitucionais e objetivos institucionais do Sindicato, entre muitos outros, representar e defender perante as autoridades administrativas e judiciárias os direitos e interesses coletivos ou individuais da categoria representada, na forma do estabelecido na Constituição Federal, conforme se vê no seu art. 8º, inciso III:

> *Ao Sindicato cabe a defesa dos direitos e interesses coletivos ou individuais da categoria, inclusive em questões judiciais ou administrativas.*

Agindo de acordo com essa incumbência, o Sindicado celebra acordos judiciais de trabalho, convenções e contratos coletivos de trabalho e presta assistência em acordos coletivos. Elege ou designa os representantes da respectiva categoria. Colabora com os poderes públicos, como órgão técnico e consultivo, no estudo e na solução dos problemas que se relacionem com a categoria representada. Propõe ações judiciais de interesse coletivo da categoria. Instala delegacias, subsedes ou sucursais, bem como designa para elas representantes da categoria. Mantém serviços de consultoria jurídica aos associados, por meio de seu ativo departamento jurídico.

Desenvolve atividades sociais, culturais e profissionais entre seus membros, promovendo a união e a cordialidade entre os integrantes da categoria representada, inclusive difundindo a necessidade de representação político-sindical. Cria e mantém centros de recreação e lazer para uso de associados e de seus dependentes. Promove e realiza serviços de pesquisa mercadológica de âmbito regional; e também cursos, treinamentos, seminários, simpósios, congressos, reuniões e demais eventos de caráter cultural ou de aprimoramento profissional. Incentiva a criação de cooperativas de consumo, assistência técnica, manutenção e de crédito; firma com entidades e com o Poder Público termos de cooperação técnica e científica; participa de eventos nacionais e internacionais de interesse da categoria representada. Disponibiliza serviços, inclusive assistenciais, aos associados, podendo firmar convênios com entidades especializadas, como faz com diversas empresas de assistência médica. Colabora com os poderes públicos no desenvolvimento da solidariedade social.

O Sindicato participa obrigatoriamente das negociações coletivas de trabalho, junto, às vezes, com o CORCESP, e promove a conciliação nos dissídios coletivos de trabalho.

4. DO CONTRATO DE REPRESENTAÇÃO COMERCIAL

4.1. Aspectos conceituais de contrato
4.2. Características do contrato
4.3. Cláusulas obrigatórias do contrato
4.4. A denúncia do contrato
4.5. Será contrato de adesão?

4.1. Aspectos conceituais de contrato

A representação comercial autônoma é estabelecida por um contrato, chamado de contrato de representação comercial, entre duas partes denominadas representante e representado. Antes de examinar a intimidade desse contrato, vamos enquadrá-lo na moderna tipologia contratual e nos seus aspectos conceituais. Em primeiro lugar, o que será um contrato? Como nosso Código Civil é baseado no Código Civil italiano, para conservar o sistema jurídico adotado, seguiremos a ideia expressa no art. 1.321:

> *Il contratto è l'accordo di due o più parti per costituire, regolare e estinguere um rapporto giuridico patrimoniale.*
> *O contrato é o acordo de duas ou mais partes para constituir, regular e extinguir uma relação jurídica patrimonial.*

Integra-se totalmente nesta acepção o contrato de representação comercial autônoma; é um acordo de duas partes: representante e representado. Seu objeto é constituir e regular uma relação jurídica, isto é, estabelecer um conjunto de relações recíprocas entre representante e representado. Essa relação jurídica patrimonial significa a onerosidade do contrato de representação comercial autônoma; vale dizer, ambas as partes ganham ou perdem; patrimonial dá a noção de dinheiro.

4.2. Características do contrato

Os tipos de relações patrimoniais existentes no contrato são de tal modo variados que determinam ampla tipologia contratual. Devemos examinar essa tipologia para localizarmos o contrato de representação comercial autônoma no seu âmbito.
1. Quanto à natureza: unilaterais e bilaterais;
2. Quanto às vantagens que proporcionam: gratuitos e onerosos;
3. Quanto à forma: formais (solenes) e informais (não solenes);
4. Quanto à formação: consensuais e reais;
5. Quanto à previsão legal: nominado (típico) e inominado (atípico);
6. Quanto à formação: paritários e por adesão;
7. Quanto ao tempo: de execução diferida e de execução simultânea;
8. Quanto à equivalência das prestações: comutativos e aleatórios;
9. Quanto às relações entre si: principais e acessórios;
10. Quanto ao objeto: preliminar e definitivo;
11. Quanto à função econômica: de colaboração; de prevenção de fiscos; de troca; de crédito;
12. Quanto à pessoa do contratante: pessoais e impessoais.

Expostas essas doze classificações para os contratos, podemos classificar o contrato de representação comercial como:
Bilateral – Oneroso – Formal – Consensual – Nominado (típico) – Por adesão – De execução diferida – Comutativo – Principal – Definitivo – De colaboração – Impessoal – Mercantil.

Esse contrato tem, portanto, treze características que lhe dão autenticidade e o distinguem de todos os demais. Vamos examiná-las uma a uma.

1. *Bilateral*

É o contrato em que há duas ou mais partes assumindo obrigações, uma para com a outra. O jurista italiano Francesco

Messineo o chama de *contrato de prestações recíprocas*, em oposição ao *contrato de prestações a cargo de uma só parte,* que é também chamado de unilateral.

O contrato de representação comercial é contrato de prestações recíprocas porque o representante assume obrigações para com o representado e este para com aquele.

2. *Oneroso*

É o contrato que proporciona vantagens para ambas as partes e ônus para as duas. É o que acontece no contrato de compra e venda. Por exemplo: um comprador quer comer um pastel e faz pedido numa pastelaria; ele desfalca seu patrimônio, enquanto o vendedor aumenta o seu ao receber o dinheiro. Por outro lado, o vendedor tira de seu patrimônio um pastel, empobrecendo; enquanto o comprador o incorpora ao patrimônio dele. Ambas as partes lucraram, como ambas tiveram ônus.

3. *Formal*

Chama-se formal o contrato ao qual a lei estabelece forma especial; é também chamado solene, porque solenidade é aqui sinônimo de formalidade. O contrato informal é o que não tem forma prescrita pela lei, podendo ser celebrado como as partes quiserem, como verbalmente ou por escrito.

O contrato de representação comercial é formal, pois a Lei 4.886/65 fixa para ele os elementos comuns, condições e requisitos, cláusulas essenciais, de tal maneira que este contrato tem uma forma especial, como, por exemplo, tem que ser escrito.

4. *Consensual*

É o contrato que se aperfeiçoa pela manifestação de vontade das partes; não há tradição de uma coisa, como no contrato real.

O contrato de representação comercial é consensual por ser celebrado por livre conversação entre as partes; depois, é formalizado por escrito, sem quem haja mercadoria ou qualquer coisa passando das mãos de uma parte à outra.

5. *Nominado (típico)*

Contrato inominado não é o que não tem nome, mas que não está regulamentado pela lei, enquanto o nominado está previsto na lei, que lhe traça as linhas básicas, como os contratos previstos no Código Civil.

O contrato de representação comercial está previsto na Lei 4.886/65, que não só lhe dá o nome como o regulamenta até com pormenores, como estamos examinando.

6. *Por adesão*

O contrato por adesão, também chamado *de adesão*, é aquele em que uma das partes o elabora e impõe à aceitação pela outra parte, tal qual como está elaborado; a parte adversa ou o aceita ou fica sem o contrato.

Paritário é o contrato negociado pelas partes, que o discutem e estabelecem as cláusulas de comum acordo.

O contrato de representação comercial é geralmente por adesão. O representado o elabora e o impõe a todos os seus representantes, para haver uniformidade e evitar privilégios.

Entretanto, não é obrigatoriamente por adesão; há possibilidade de representante e representado discutirem as cláusulas contratuais, como acontece, às vezes, quando o representado não tem grande número de representantes.

7. *De execução diferida*

O contrato de execução simultânea é o que se perfaz no mesmo momento. As partes cumprem simultaneamente suas prestações. É o que acontece com o contrato de compra e venda a vista: o comprador entra numa padaria e compra um pão, pagando seu preço no mesmo momento; é um contrato de execução simultânea.

O contrato de execução diferida é um contrato de duração. É quando o cumprimento de certas obrigações se fará no futuro, como para a construção de um prédio; o contrato é celebrado num momento, mas a construção demorará longo tempo pelo futuro.

O contrato de representação comercial é um contrato de execução diferida por ser contrato de duração, tanto que geralmente é por tempo indeterminado. O representante cumprirá inúmeras prestações no futuro ao encaminhar pedidos e o representado fará muitos pagamentos ao representante.

8. *Comutativo*

Chama-se contrato comutativo aquele em que as partes podem prever quais serão suas obrigações, como acontece no contrato de compra e venda. O contrário de comutativo é aleatório: o contrato em que não se sabe o valor da prestação, tal como acontece no contrato de seguro. A seguradora assume a obrigação de pagar os prejuízos que o segurado terá, mas não sabe quanto terá que pagar.

O contrato de representação comercial é comutativo porque as duas partes sabem antecipadamente quais serão suas obrigações, minuciosamente descritas no contrato.

9. *Principal*

É o que existe por si só, sem depender de outros, enquanto o acessório só existe em função do principal. É o caso de contrato de fiança do aluguel de imóvel. O contrato de locação pode ser celebrado, sem precisar do de fiança, mas este não existirá sem o contrato de locação.

É principal o contrato de representação comercial porque ele existe por si mesmo e não necessita da existência de outros ligados a ele. Poderá haver outros, como o de mandato, tal como previsto no parágrafo único do artigo 1º da Lei 4.886/65. Afirmam alguns que este contrato não é principal, mas autônomo, uma vez que ele é único e, portanto, tem contrato acessório para que ele seja o principal. Essa discussão nos parece estéril sob o ponto de vista jurídico.

10. *Definitivo*

Nosso Código Civil criou a figura do contrato preliminar, que é um contrato preparatório, que gera a obrigação de contratar. Não é uma carta de intenções, mas realmente um contrato, pois estabelece obrigações para ambas as partes.

O contrato de representação comercial é sempre definitivo. Pode haver um contrato preliminar prevendo um definitivo, mas o contrato de representação comercial é definitivo.

11. *De colaboração*

No tocante ao tipo de função econômica, ou seja, ao objeto social dele, ao tipo de atividade econômica e seus reflexos na economia, em que uma colabora com a outra, donde o nome de contrato de colaboração, este contrato implica o esforço em conjunto de ambas as partes, cada uma por seu lado. Trata-se de uma parceria entre duas empresas, em que uma colabora com a outra, razão do nome de contrato de colaboração.

O contrato de representação comercial é um contrato de colaboração; o representante colabora com o representado na conquista, formação e manutenção de um mercado consumidor para o representado. Por seu turno, o representado colabora com o representante fornecendo as mercadorias para a satisfação desse mercado conquistado pelo representante, concedendo-lhe as prerrogativas da representação.

12. *Impessoal*

Contrato pessoal ou personalíssimo é o realizado *intuitu personae*, em razão da pessoa do contratante, que tem influência decisiva para o consentimento da outra parte. É o caso de alguém que contrata uma operação com um médico famoso na sua especialidade; a execução desse contrato tem que ser feita pelo médico contratado, não podendo este delegar o trabalho para outrem.

No contrato impessoal, é irrelevante a pessoa do contratado ou do exequente do contrato; o que interessa é o resultado.

Não parece que o contrato de representação comercial seja pessoal. O objeto dele é a conquista de um mercado consumidor, e a captação dos pedidos pode ser feita por outra pessoa a mando do representante.

13. *Mercantil*

Os contratos podem ser mercantis ou civis. Será civil se a lei assim o declarar ou pela natureza civil da atividade, como os contratos de serviços e transações com imóveis.

É mercantil se se referir a mercadorias (mercantil e mercadoria são palavras cognatas, da mesma família); ou então se a lei assim o declarar.

O contrato de representação comercial é mercantil, pois as operações que ele regulamenta são de distribuição e venda de mercadorias. Além do mais, a própria lei o chama de contrato de representação comercial, que é o mesmo que mercantil. Quanto à pessoa dos contratantes, pelo menos uma é mercantil: o representado. O representante pode ser um empresário individual registrado na Junta Comercial, sendo, portanto, mercantil. Se for sociedade, é nossa opinião de que deve ser sociedade mercantil por trabalhar com mercadorias e, por isso, deverá ser registrada na Junta Comercial.

4.3. Cláusulas obrigatórias do contrato

O contrato de representação comercial é regulamentado pormenorizadamente pela lei, que lhe impõe cláusulas obrigatórias, além daquelas estipuladas livremente pelas partes. Ele deverá ter os requisitos comuns a todo contrato e mais dez requisitos obrigatórios e específicos do contrato de representação comercial. Procuraremos enumerar esses dez requisitos e faremos, em seguida, explanações sobre eles. São os seguintes:

1. Condições e requisitos gerais da representação;
2. Indicação genérica ou específica dos produtos ou artigos objetos da representação;
3. Se o contrato é por tempo indeterminado ou determinado;
4. Indicação da zona ou zonas em que será exercida a representação;
5. Garantia ou não, parcial ou total, ou por certo prazo, da exclusividade de zona ou setor de zona;

6. Distribuição e época do pagamento, pelo exercício da representação, dependente da efetiva realização dos negócios, e recebimento ou não pelo representado dos valores respectivos;
7. Os casos em que se justifique a restrição de zona concedida com exclusividade;
8. Obrigações e responsabilidades das partes contratantes;
9. Exercício exclusivo ou não da representação a favor do representado;
10. Indenização devida ao representante pela rescisão do contrato fora dos prazos previstos pela lei, cujo montante não poderá ser inferior a 1/12 do total de retribuição auferida durante o tempo em que exerceu a representação.

Devemos esclarecer cada um desses requisitos, alguns dos quais merecerão maiores considerações.

1. *Condições e requisitos gerais da representação*
Deve haver uma descrição geral das atividades exercidas pelo representante, a intenção das partes no estabelecimento do contrato, seu objetivo e promessa das partes de envidar esforços pelo sucesso do que foi combinado.

2. *Produtos fornecidos*
No contrato deve constar a relação dos produtos a serem distribuídos, com suas especificações, qualidades, características, preço, dimensões e demais dados que identifiquem cada mercadoria. É aspecto delicado, uma vez que bastaria ao representado suprimir ou modificar um produto para lesionar o contrato.

3. *Tempo de duração*
O tempo de duração do contrato deve ser estabelecido: se for indeterminado, isto é, sem vencimento; ou se é determinado, ou seja, a prazo. Se for a prazo, se é prorrogável ou não, tácita ou expressamente.

Nos termos da lei, o contrato por tempo determinado, uma vez prorrogado o prazo inicial, tácita ou expressamente, torna-se indeterminado. É também por prazo indeterminado todo contrato que suceder a outro, com ou sem determinação de prazo, dentro de seis meses.

4. *Zona de representação*

A zona de representação é o local devidamente delimitado em que o representante poderá exercer a representação. A lei não estabelece esses limites, mas existem costumes. Por exemplo: a representação é exercida em cada Estado do Brasil. No caso de cidades grandes, como São Paulo e Rio de Janeiro, a cidade é dividida em quadro subzonas: norte, sul, leste, oeste. Quando se trata de Estados de pequenas dimensões territoriais, às vezes dois ou mais formam uma só zona.

5. *Garantia de exclusividade*

O contrato deverá fixar a exclusividade ou não da zona designada para o representante, que lhe é exclusiva, para que ele possa representar o representado naquela zona. Essa garantia pode ser a prazo ou pode ser total ou parcial no território. O representante deve exigir com firmeza essa garantia, pois, no silêncio do contrato, sua situação ficará muito insegura. O art. 31, ao cuidar desta questão, foi meio obscuro, conforme veremos:

> *Prevendo o contrato de representação a exclusividade de zona ou zonas, ou quando este for omisso, fará jus o representante à comissão pelos negócios aí realizados, ainda que diretamente pelo representado ou por intermédio de terceiros.*
>
> *Parágrafo único. A exclusividade de representação não se presume na ausência de ajustes expressos.*

Diz o *caput* que a exclusividade é assegurada se estiver prevista no contrato ou, mesmo que não esteja, se o contrato for omisso. Interpretamos esta disposição entendendo que a exclusividade só não se admite quando no contrato constar que ela não é concedida.

Entretanto, o parágrafo único diz que a exclusividade não se presume na ausência de ajustes expressos. Parece haver nesse parágrafo uma afirmação contraditória.

Por essa razão, reafirmamos a conveniência de constar no contrato a cláusula de exclusividade, o que afastará possíveis dúvidas.

6. *Retribuição*

A remuneração do representante pelos seus serviços é geralmente uma comissão cuja porcentagem deve ser fixada no contrato, como 3% ou 5% sobre o total da fatura. É questão mais complexa e delicada, razão por que a examinaremos em item especial. A retribuição do RCA é a comissão.

Há, porém, um ponto duvidoso neste dispositivo; diz o art. 27, na alínea *f*, que deve constar no contrato:

> *Retribuição e época do pagamento, pelo exercício da representação, dependente da efetiva realização dos negócios e recebimento, ou não, pelo representado, dos valores respectivos.*

Pelos dizeres desse artigo, o direito à comissão independe do pagamento do preço da mercadoria pelo comprador. Entretanto, o art. 32 deixa claro que o RCA adquire o direito às comissões a partir do pagamento dos pedidos ou propostas. Interpretamos então esse item, como o art. 27 prevê as cláusulas obrigatórias do contrato, que fica aberto às partes decidirem no contrato se o direito à comissão é adquirido pelo RCA quando for feita a venda, independentemente do pagamento dela. Parece-nos possível essa faculdade das partes, porquanto o representado, ao aceitar a venda, tenha cadastro favorável do comprador.

Concluindo: se o contrato nada dispuser a esse respeito, a comissão é devida só se tiver havido o pagamento do preço da venda, mas no contrato poderá ser incluída cláusula que garanta o pagamento de comissão, independentemente do pagamento do preço, ou seja, se a venda for concluída e paga.

7. *Restrição de exclusividade*

É possível, desde que prevista no contrato, a restrição à garantia de exclusividade, quer em referência ao tempo ou ao território; deverá, porém, essa restrição ficar devidamente regulada pelo contrato e bem justificada.

8. *Obrigações e responsabilidades*

É questão já prevista em lei, mas as partes podem criar para elas novas obrigações e responsabilidades, que devem ficar claramente expostas no contrato.

9. *Exercício exclusivo do representante*

Da mesma forma como o representante pode exigir exclusividade para o exercício exclusivo da representação no seu território, o representado tem o direito de exigir dedicação integral a ele pelo representante, que não poderá representar outras empresas. Se essa exclusividade não for estabelecida no contrato, pelo menos o representante não pode representar outras empresas concorrentes.

10. *Indenização pela rescisão do contrato*

Deve ficar estabelecido no contrato o valor da rescisão do contrato, pois a lei não esgota as várias oportunidades de rescisão, embora tenha estabelecido várias regras nos artigos 35 a 37. Sobre este assunto, dedicaremos um item especial.

4.4. A denúncia do contrato

A denúncia, por qualquer das partes, sem causa justificada, do contrato de representação, ajustado por tempo indeterminado e que tenha vigorado por mais de seis meses, obriga o denunciante, salvo garantia prevista no contrato, à concessão de pré-aviso, com antecedência mínima de trinta dias, ou ao pagamento de importância igual a um terço das comissões auferidas pelo representante nos três meses anteriores.

4.5. Será contrato de adesão?

Para nós, o contrato de representação comercial é contrato de adesão. Hoje em dia, entretanto, desde o início do século XXI, a evolução conceitual do contrato de adesão tem sofrido sensíveis modificações, ditadas pela sua hermenêutica. A princípio, discutia-se a precisão terminológica do termo, querendo alguns que fosse *contrato por adesão*. A vertente moderna, todavia, está considerando as duas hipóteses: há *contrato de adesão* e *contrato por adesão*. Surge então o nosso problema: em qual deles iremos situar o contrato de representação comercial?

Para vários juristas de ponta, o puro contrato de adesão é aquele em que a parte mais forte, isto é, o proponente, está a cavaleiro da situação por manter o monopólio do serviço que presta ou do produto que vende. É o caso da empresa fornecedora de água e esgoto ou de energia elétrica; geralmente, há uma só empresa desse ramo empresarial. Assim sendo, a parte mais fraca, o proposto, aceita o contrato *in totum*, ou o rejeita e fica sem água ou sem luz elétrica. Este é o verdadeiro contrato de adesão. É o que acontece também com o interessado na negociação com petróleo; se quiser comprar petróleo, só poderá comprá-lo da Petrobras, que é quem detém o monopólio desse produto; ou aceita o contrato proposto pela Petrobras, ou fica sem o petróleo.

A outra versão, o contrato por adesão, é um pouco diferente. A parte mais fraca celebra o contrato com a parte mais forte, tal qual como ele é apresentado. Ou aceita o contrato em todos os seus termos ou o rejeita. Poderá, entretanto, procurar um concorrente e obter o resultado desejado. É a hipótese do representante comercial que deseja representar indústria de produtos alimentícios, como biscoitos, bolachas, chocolates. Vai procurar empresa fabricante desses produtos, que lhe impõe contrato padronizado, com cláusulas impressas e estabelecidas. Ou ele aceita esse contrato ou o rejeita: é pegar ou largar. Se ficou com a representação, é porque aderiu ao contrato elaborado e proposto pelo fabricante. Entretanto, se ele não aceitar o contrato, nada o impede de procurar outra empresa industrial semelhante e acertar o contrato de representação comercial.

É contrato deste tipo que está predominando em nossos dias. Exemplo deste contrato são os contratos bancários. Quem deseja realizar transação bancária recebe do gerente do banco um formulário impresso, com cláusulas fechadas, e terá que assiná-lo tal qual ele está redigido. Se o cliente quiser modificar alguma cláusula desse contrato padrão, o gerente do banco lhe dirá que não está autorizado a fazer modificações. O cliente, contudo, poderá procurar outro banco que possa ter condições diferentes.

Há, todavia, um tipo de contrato, previsto no Direito italiano, inserido no contrato de adesão, chamado de *contrato concluído mediante módulos ou formulários*. É público e notório que o nosso Código Civil foi moldado no Código Civil italiano, mas o nosso omitiu a regulamentação deste modelo contratual. Podemos dizer que o espírito e a letra do Código Civil italiano estão no Código Civil brasileiro, mas há casos em que a letra do nosso deixou de lado o modelo peninsular, como neste caso. A doutrina e a analogia nos autorizam a aplicar o Direito italiano à questão que estamos analisando. Vamos examinar melhor essa modalidade contratual, pelo exame do artigo 1342:

> *Contratto concluso mediante moduli o formulari:*
> *Nei contratti conclusi mediante la sottocriszione di moduli o formulari, predisposti per disciplinare in maniera uniforme determinati rapporti contrattuali, le clausole agiunte al modulo o al formulario prevalgono su quelle del modulo ou del formulario qualora siano incompatibili com esse, anche se queste ultime non sono state concellate.*

> *Contrato concluído mediante módulos ou formulários:*
> *Nos contratos concluídos mediante a subscrição de módulos ou formulário, predispostos para disciplinar de maneira uniforme determinadas relações contratuais, as cláusulas adicionadas ao módulo ou ao formulário prevalecem sobre aquelas do módulo ou do formulário.*

Existe então um módulo, um contrato modelo, já impresso, que será apresentado para a aceitação do proposto, tendo, porém, algumas partes em branco, a serem adicionadas posteriormente, tais como o nome, qualificação do proponente e do proposto, os valores do contrato, o objeto mais preciso, o vencimento. Essas cláusulas sobrepostas são consideradas principais e devem predominar sobre as cláusulas preestabelecidas.

Essas cláusulas principais, isto é, as adicionadas posteriormente ao módulo ou ao formulário, se houver dúvida na sua interpretação ou aplicação, devem ser examinadas sempre a favor do proposto, por terem sido elaboradas pelo proponente, e o proposto apenas aderido a elas. Assim estabelece o art. 1370 do Código Civil italiano:

> *Interpretazione contro l´autore della causola:*
> *Le clausole inserite nelle condizioni generali di contratto o in moduli o formulari predisposti da uno del contraenti s´interpretano, nel dubbio, a favore de l´altro.*
>
> *Interpretação contra o autor da cláusula:*
> *As cláusulas inseridas nas condições gerais do contrato ou em módulos ou formulários predispostos por um dos contraentes serão interpretadas, na dúvida, a favor do outro.*

É um princípio do contrato de adesão ou por adesão: a interpretação das disposições contratuais, em caso de dúvida, devem pender sempre a favor do proponente, que é a parte mais fraca.

Por suas características mais marcantes, o contrato de representação comercial deve ser classificado como *contrato concluído mediante módulo ou formulário*, um tipo de contrato de adesão e, no caso de interpretação dúbia, deve tender a favor do representante comercial.

5. DA RESCISÃO DO CONTRATO DE REPRESENTAÇÃO COMERCIAL

5.1. Resolução, resilição, rescisão
5.2. Rescisão pelo representante
5.3. Rescisão pelo representado
5.4. Direito à indenização
5.5. Impedimento por saúde do representante comercial autônomo
5.6. Indenização pelo rompimento do contrato
5.7. Pré-aviso perigoso

5.1. Resolução, resilição, rescisão

De início, iremos expor nossa opinião a respeito do desfazimento do contrato de representação comercial, observando a terminologia adotada por juristas europeus, mas não estranha no Brasil. Há três termos parecidos, mas com sentido diferente, embora a diferença seja um tanto sutil: **resolução, resilição, rescisão**.

Resolução vem etimologicamente do latim *resolutio*, oriundo de *risolvere* = resolver = satisfazer. A resolução ocorre quanto o contrato deixa de produzir efeitos. Por exemplo: se o contrato for por prazo determinado de cinco anos; vencido esse prazo, ele deixou de produzir efeitos, não mais existe. É a resolução dele. Não há necessidade de processo judicial nem de instrumento de distrato.

A resilição ocorre por comum acordo entre as partes. Por exemplo: o representado comunica ao representante que não tem mais interesse em manter o contrato e este concorda com a sua dissolução. As partes firmam o distrato, por mútuo consentimento.

A rescisão ocorre quando houver lesão ao contrato. Uma das partes deixa de cumprir os termos do contrato, provocando a reação da outra parte. O fundamento da rescisão, portanto, é a lesão que uma parte contratante trouxe à outra, devido a uma infração aos deveres convencionados no contrato. Este termo é muito usado, indevidamente, no contrato de trabalho. É comum ver-se uma carta de demissão dizendo: *Vimos rescindir seu contrato de trabalho, sem justa causa.* Seria, neste caso, resilição. Rescisão seria se o empregado tivesse deixado de obedecer a cláusulas importantes do contrato de trabalho, provocando a reação do empregador; rescisão é por justa causa.

5.2. Rescisão pelo representante

A lei prevê direito à indenização para o representante no caso de ele pedir a rescisão, desde que haja justa causa para esse pedido. Essa justa causa está prevista em quatro incisos do artigo 36.

5.2.1. *Redução da esfera de atividade*
A primeira delas será a redução da esfera de atividade do representante, em desacordo com as cláusulas do contrato. De várias maneiras, o representado poderá reduzir a esfera de ação do RCA, como aumentar o preço dos produtos acima da inflação, ou diminuir o prazo de pagamento. Poderá cortar alguns produtos de importância, sem criar produtos similares, em substituição. Qualquer medida tomada pelo representado que dificulte a ação do RCA ou a colocação de produtos será ato de restrição ao seu trabalho.

O contrato de representação comercial é um contrato bilateral, assim considerado de prestações recíprocas. Ao celebrar o contrato, representante e representado assumem obrigações recíprocas, definindo-as nas cláusulas contratuais. Reduzir a esfera de atividade do representante é diminuir seu poder de ação e sua capacidade de venda, acarretando-lhe, em consequência, diminuição no seu lucro. Assim agindo, o representado terá desrespeitado o *pacta sunt servanda* e cometerá uma deslealdade para com o seu parceiro. Justifica-se plenamente o pedido de rescisão do contrato por parte do representante.

5.2.2. *Quebra de exclusividade*
A segunda rescisão pelo representante será a quebra, direta ou indireta, da exclusividade, se prevista no contrato. Se o representado

nomear outro representante na mesma zona, terá afrontado o compromisso firmado no contrato, outorgando ao representante a prerrogativa de rescindir o contrato e exigir indenização. Ainda que não haja no contrato cláusula de exclusividade, será uma agressão ao princípio de lealdade. Se o representado permitir que o representante de uma região contígua apanhe pedidos na região de outro representante, estará agindo em lesão ao contrato com este último.

Quando da celebração do contrato, deve o representante assegurar-se com a inclusão da cláusula de exclusividade, pois ela não se presume. É possível que haja exclusividade relativa, ou seja, o representado reserva para si o direito de vender para determinados clientes, como o Poder Público, ou para uma grande cadeia de lojas; é muito comum essa exclusividade. A absoluta é a que confere ao representante total exclusividade. Será direta a venda se o próprio representado promove vendas no território do representante, sem lhe creditar a comissão. Comumente, ocorre que os compradores fazem seus pedidos diretamente ao representado e este os atende, mas deve reservar a comissão sobre a venda ao representante. A quebra indireta ocorre se o representado autoriza ou permite que alguém realize vendas no território do representante, sem lhe pagar comissão; será violação ao contrato e ensejará ao representante o pedido de rescisão do contrato.

5.2.3. *Fixação abusiva de preço*

Fixação abusiva de preços em relação à zona do representante, com o escopo exclusivo de impossibilitar-lhe ação regular; este caso é mais grave e radical do que o aumento do preço acima da inflação. Refere-se a atos que bloqueiam a ação do RCA, como, por exemplo, se o aumento de preços vigorasse apenas no território do representante e não nas demais zonas.

O aumento de preços muitas vezes se torna necessário, como acontece com a desvalorização da moeda, ou se o representado introduz melhorias nos produtos. Entretanto, pode o representado causar dificuldades ao representante com o aumento de preços, como aumentar o preço de seus produtos e piorar as condições de pagamento, enquanto a concorrência mantém preços abaixo e melhores condições de pagamento. O representante terá enormes dificuldades se os seus preços estiverem 20% acima do preço dos produtos concorrentes e seu prazo ficar reduzido a dois meses, enquanto a concorrência permanece com três.

Em teoria, é obrigação do representado dar as melhores condições possíveis de trabalho ao representante, pois é de interesse de ambos. Quanto mais vender o representante, maior será o lucro do representado. Dentro deste princípio, qualquer modificação no preço das mercadorias sem motivo justificado revela má vontade e deslealdade do representado e seu desejo de provocar a rescisão do contrato.

5.2.4. *Não pagamento da comissão*

O não pagamento de sua retribuição na época devida é o quarto motivo. Embora o art. 36 relacione esta causa por último, trata-se, na verdade, da principal, pois a primordial obrigação do representado é pagar devidamente as comissões a que o representante tem direito, e na devida ocasião. O não pagamento de compromissos contratuais dá à parte prejudicada o direito de pedir a rescisão do contrato; é a base da cláusula *exceptio non adimpleti contractus.*

O representante comercial autônomo é um profissional, vive do seu trabalho; e no contrato fica estabelecido o valor da comissão e a data do pagamento. A mora do representado atenta contra as cláusulas contratuais e ele ficará sujeito a várias sanções, começando com o possível pedido de rescisão do contrato pelo representante.

5.3. Rescisão pelo representado

O representado, por sua vez, não fica ao sabor do representante. Se este não cumpre fielmente suas obrigações, o representado tem o direito de rescindir o contrato e livrar-se do pagamento de indenização. A lei não prevê para o representado indenização pela rescisão, mas se o comportamento indevido do representante lhe causar prejuízos, terá o direito de pedir seu ressarcimento.

Não se trata de indenização pelo rompimento do contrato, mas ressarcimento de danos. O art. 35 prevê cinco causas de legítima rescisão de contrato por iniciativa do representado.

5.3.1. *Desídia por parte do representante*

A primeira é a desídia do representante no cumprimento das obrigações decorrentes do contrato. Julgar fatos que demonstram desídia e pouco caso para com o representado fica a cargo deste. Vamos citar alguns atos que podem caracterizar desídia: reter excessivamente o encaminhamento de pedidos; deixar de visitar clientes e fazer somente visitas esporádicas; apresentar queda acentuada de pedidos sem justificativa; encaminhar pedidos de clientes duvidosos; não se empenhar no seu trabalho; causar constantes queixas da clientela.

A desídia é caracterizada pelo desleixo, pouco caso, negligência no cumprimento de suas obrigações. O ônus da prova cabe a quem alega e não é fácil provar, pois a desídia decorre de fatores subjetivos, como a falta de vontade no trabalho. Só é possível se apegar às exteriorizações. A queda no movimento das vendas pode ser causada por muitos fatores, sendo difícil apegar-se na desídia.

5.3.2. *Deslealdade do representante*

A prática de atos que importem em descrédito comercial do representado é o segundo motivo de rescisão por este. São atos como: dar más referências sobre o representado; provocar atrasos no atendimento aos clientes, atribuindo-os à desídia do representado; afirmar ou dar a entender que o representado está em estado pré-falimentar. Todas as notícias divulgadas pelo representante que resultem em descrédito para o representado enquadram-se nesta causa.

5.3.3. *Descumprimento do contrato*

A terceira causa é a falta de cumprimento de quaisquer obrigações inerentes ao CRC. Esta causa começa com a desobediência às cláusulas do contrato. Vamos citar alguns exemplos: o representante invade a zona de outro representante, obtendo pedidos e fraudulentamente apresentando como seus; vende ou agencia vendas de produtos concorrentes; deixa de prestar informações ao representado sobre as atividades; concede abatimento ou dilação de prazo de pagamento sem autorização do representado.

Os antigos romanos tinham um sagrado brocardo: *pacta sunt servanda* = os compromissos existem para serem cumpridos. É um princípio que predomina em todos os contratos, que só permanecem se esse princípio for obedecido à risca. Representante e representado exercem atividade fundada no contrato de representação mercantil, estabelecendo compromissos para ambas as partes. No momento em que esses compromissos começam a ser transgredidos, inicia-se a deterioração do relacionamento entre as partes e virá a reação contrária e desfavorável.

Desde, porém, que a inadimplência das obrigações cause prejuízo patente à outra parte, esta poderá fazer valer a letra do contrato e pedir a rescisão. Vamos citar um exemplo apenas: um RCA encaminha pedido de venda de mercadorias para um cliente, situado em seu território; a mercadoria é, entretanto, transferida para venda em outro território, entregue a outro representante. Evidencia-se um arreglo entre o RCA e seu cliente, ferindo o contrato. O representante deu motivo ao representado para pedir a rescisão do contrato e exigir indenização por perdas e danos.

5.3.4. *Condenação do representante por crime infamante*

Se o representante tiver condenação definitiva por crime considerado infamante, será a quarta causa para o pedido de rescisão pelo representado. Diz o art. 4º-c que não pode ser RCA quem tenha sido condenado por infração penal de natureza infamante, tais como falsidade, estelionato, apropriação indébita, contrabando, roubo, furto, lenocínio ou crimes também punidos com a perda de cargo público. Da mesma forma, o RCA que na vigência do contrato tiver idêntica condenação ficará impedido de exercer essa profissão.

Devemos interpretar crime infamante pela ótica do Direito Empresarial e não pela ótica do Direito Penal; este último, aliás, proporciona interpretações dúbias sobre esta questão. Por exemplo, o crime de furto não é considerado infamante pelo Direito Penal, mas em termo de Direito Empresarial é de alto significado, pois demonstra desrespeito ao patrimônio alheio e implica perda de confiança na pessoa que o pratica. O RCA maneja mercadorias e deixou de inspirar confiança por parte do representado. Além disso, quem furta é ladrão, e ladrão não pode legalmente ser representante.

5.3.5. *Motivo de força maior*

A quinta causa é o motivo de força maior. Ocorre quando um poder superior às forças do representado o impedir de cumprir o contrato. Inclui-se nesta causa o caso fortuito, por ser também uma força irresistível, sem que possa ser evitada.

Digamos que o representado seja uma indústria de cigarros e surja repentinamente uma lei proibindo o uso do fumo; ele estará impedido legalmente de exercer suas atividades. Terá que rescindir o CRC, sem ter que pagar indenização. O próprio representante ficará também impedido de apanhar pedidos, pois terá que obedecer à lei.

Podemos considerar como caso de força maior a morte do representante. Ele não pode executar mais suas funções, e seus sucessores poderão pedir a resolução do contrato, dispensando-se do pagamento de indenização. Assim acontecerá também se ele for declarado interdito ou se tiver sua falência decretada. Pelo outro lado, podem ocorrer esses eventos fortuitos que atingem o representado. Se o representado tiver sua falência decretada, ficar interdito ou falecer, o representante poderá não aceitar sucessores, pois o contrato de representação comercial é personalíssimo por parte do representado. Se o representado for pessoa individual e morrer, não poderá mais exercer atividades e, por isso, o representante poderá resolver o contrato; se for empresa coletiva, não poderia haver morte nem interdição, mas poderá ter a falência declarada e ficará judicialmente impedida de exercer atividades; e o RCA será forçado a resolver o contrato, mas não terá direito a indenização, tendo em vista que foram casos de força maior.

5.4. Direito à indenização

A rescisão do contrato, sem justa causa, confere ao RCA o direito de pedir indenização. Prescreve em cinco anos a ação do RCA para pleitear a retribuição que lhe é devida e os demais direitos que lhe são garantidos pela lei.

5.5. Impedimento por saúde do representante comercial autônomo

Não constitui justo motivo para rescisão do contrato de representação comercial o impedimento temporário do representante comercial que estiver em gozo do benefício de auxílio-doença concedido pela Previdência Social.

5.6. Indenização pelo rompimento do contrato

O sistema de indenização devida ao representante deve ser acertado por cláusula contratual, mas, independentemente do que dispuser o contrato, a lei também estabelece bases de indenização que devem prevalecer, conforme se vê no art. 27-j, que será transcrito logo a seguir.

Há muitas facetas na indenização devida por quem tenha provocado o rompimento do contrato de representação comercial, por se apresentarem várias situações que iremos descrever:
1. O contrato é por tempo determinado (prazo) ou indeterminado?
2. Quem provocou o rompimento foi o representante ou o representado?
3. Houve justa causa pelo rompimento, ou seja, o rompimento foi motivado ou imotivado?

Ante essas dúvidas vão surgir várias situações:

1. *Rompimento por iniciativa do representante:*
   - Contrato sem prazo:
     - sem justa causa
     - com justa causa
   - Contrato com prazo
     - com justa causa
     - sem justa causa

Contrato sem prazo
Sem justa causa

  Se o representante rompeu o contrato, não terá direito a nenhuma indenização, porquanto foi sua a iniciativa e ele sabe o que lhe convém. Também não precisará pagar indenização, se não causou prejuízos ao representado. Estamos falando de rescisão do contrato por iniciativa do representante e do contrato sem prazo, ou seja, por tempo indeterminado, sem vencimento. Neste caso, se o representante quiser denunciar o contrato, sem justa causa e se já tiver transcorrido seis meses de sua vigência, fica obrigado a dar ao representado pré-aviso de trinta dias, manifestando sua intenção. Se não der esse pré-aviso, cabe-lhe o pagamento de indenização correspondente a 1/3 das comissões que o representante tiver recebido nos últimos três meses anteriores. Este critério é o legal, isto é, estabelecido pela lei, porquanto é possível que o contrato disponha de forma diferente.

  Se a rescisão sem justa causa for pedida pelo representante, ele não estará obrigado a pagar indenização. Deverá dar, todavia, pré-aviso ao representado, para que este providencie sua substituição e ajeite a retirada de seu representante. O motivo dessa isenção é que a rescisão não trará grandes prejuízos ao representado.

  Todavia, se o representante não der o pré-aviso, ficará obrigado a pagar a indenização ao representado, nos termos do art. 34. Essa obrigação é mútua: do representante e do representado: dar o pré-aviso ou pagar a indenização. Vamos repetir, somos demasiadamente repetitivos, mas é conveniente: quem promover a ruptura do contrato tem que dar o pré-aviso, ou então pagar indenização de 1/3 (33%) das comissões pagas ou recebidas pelo representante.

Estamos examinando aqui o rompimento do contrato *sem causa justificada*, ou seja, sem aquelas causas previstas no art. 35 para a rescisão por parte do representado e no art. 36 para rescisão por parte do representante. Examinamos essas causas no item 5.3, no que tange ao rompimento pelo representante. É rompimento *sem justa causa em contrato por tempo indeterminado*, ou seja, sem prazo: não cabem aviso-prévio nem indenização em contrato com prazo, pois as partes já sabem quando o contrato terá fim, e ninguém será pego de surpresa.

Outra disposição prevista pela lei é a de que o contrato a ser rescindido deverá já ter seis meses de vigência. Assim, o contrato assinado em 10 de janeiro terá esse prazo vencido em 10 de julho. É conveniente que o contrato preveja o dia do vencimento, como 10 de julho ou 9 de julho, evitando dúvidas. De preferência, a denúncia não deve ser feita no último dia, mas alguns dias antes do vencimento. Ao que parece, a lei considera que, nos primeiros seis meses, o relacionamento do representante com o representado está ainda em fase experimental; as partes não assumiram ainda grandes compromissos e o rompimento do contrato não causaria tantos prejuízos que pudessem exigir indenização.

Também fala a lei, salvo *outra garantia prevista no contrato*, o que significa uma exceção que implicará a dispensa do aviso-prévio e da indenização. As partes são livres para estabelecerem o que lhes aprouver, como, por exemplo, uma fiança bancária, uma nota promissória, a caução de títulos, entre outros, que ficarão em garantia para o caso de rescisão injusta do contrato. A possível indenização já estará então prevista.

Com justa causa

Se o representante for obrigado a romper o contrato em vista de lesão contratual, ou seja, se o representado tiver praticado atos causadores de rompimento, como os previstos no art. 36, incisos a, b, c, d, não haverá propriamente multa pelo rompimento, mas indenização pelas perdas causadas pela infração por parte do representado. Por exemplo: o representado aumenta abusivamente o preço dos produtos, causando cancelamento de pedidos: poderá o representante pedir indenização por lucros cessantes. Outro caso: o representante vende ou permite que outrem venda no território do representante; este poderá pedir a comissão sobre essa venda irregular. Outro exemplo ainda: o representado não pagou no prazo devido a comissão do representante; dará motivo ao pedido de rescisão do contrato pelo representante, que poderá exigir também a comissão a que fez jus.

Vimos assim a rescisão por iniciativa do representante, com a ocorrência de justa causa, conforme previsão do art. 36. Neste caso, o representante não está obrigado a pagamento de indenização. Cabe-lhe, porém, o ônus da prova da infração cometida pelo representado.

Contrato com prazo
Eis o que estabelece o art. 27 – § 1º:

> *Na hipótese de contrato a prazo certo, a indenização corresponderá à importância equivalente à média mensal da retribuição auferida até a data da rescisão, multiplicada pela metade dos meses resultantes do prazo contratual.*

Incorre na obrigação de indenizar a parte que não tenha causado o rompimento do contrato tanto o representante como o representado.

2. *Rompimento do contrato por iniciativa do representado*
Se a iniciativa de desfazer o contrato partir do representado, forma-se nova situação, com algumas variantes: se houver justa causa para a decisão do representado ou não, e se o contrato for com prazo ou sem prazo.

Contrato sem prazo
Sem justa causa
Se o contrato for sem prazo (ou por tempo indeterminado), e não houver justa causa para dar motivo à rescisão, conforme previsto no art. 35, o representado deverá dar o pré-aviso de trinta dias de antecedência. Se não o fizer, deverá pagar indenização

correspondente a 1/3 das comissões auferidas pelo representante nos últimos três meses. É uma questão de equidade, pois essa obrigação também é do representante se rescindir o contrato nessas mesmas condições.

O valor da indenização deverá constar no contrato, mas a lei aponta critérios legais no art. 27-j, que transcrevemos:

> *Do contrato de representação comercial, além dos elementos comuns e outros, a juízo dos interessados, constarão obrigatoriamente:*
>
> *...*
>
> *j – indenização devida ao representante, pela rescisão do contrato fora dos casos previstos no art. 35, cujo montante não poderá ser inferior a 1/12 (um doze avos) do total da retribuição auferida durante o tempo em que exercer a representação.*

Trata-se de indenização tarifada, com valor mínimo fixado em lei, equivalente a 1/12 (8,33%).

Fazemos um hiato para esclarecer que não consideramos correta a expressão "prazo indeterminado" e achamos redundância dizer prazo determinado. Em nosso modo de ver, prazo é sempre um tempo determinado. Dizemos, então: *a prazo* ou *sem prazo; por tempo determinado* ou *por tempo indeterminado*.

Em caso de rescisão injusta do contrato por parte do representado, a eventual retribuição pendente gerada por pedidos em carteira ou em fase de execução e recebimento terá vencimento na data da rescisão. Essa rescisão é de iniciativa do representado, sem justa causa e sem iniciativa ou provocação do representante; este fará jus à indenização, desde que o representante não tenha dado motivo à rescisão, não poderá ter montante inferior a 1/12 do total da retribuição auferida durante o tempo em que exerceu a representação.

Contrato com prazo

Na hipótese de contrato a prazo, a indenização corresponderá à importância equivalente à média mensal da retribuição auferida até a data da rescisão, multiplicada pela metade dos meses resultantes do prazo contratual (art. 27 § 1º).

5.7. Pré-aviso perigoso

Dispositivo que parece inócuo ou perigoso é o que prevê o pré-aviso imposto a qualquer das partes que pretender romper o contrato imotivadamente, vale dizer, sem justa causa. Está previsto no longo art. 34, que iremos comentar, mas antes vamos transcrevê-lo:

> *A denúncia, por qualquer das partes, sem causa justificada, do contrato de representação comercial, ajustado por tempo indeterminado e que haja vigorado por mais de seis meses, obriga o denunciante, salvo outra garantia prevista no contrato, à concessão de pré-aviso, com antecedência mínima de trinta dias, ou ao pagamento de importância igual a 1/3 das comissões auferidas pelo representante, nos últimos três meses.*

Vê-se a imposição para as duas partes: ao representante e ao empregado. Deve dar esse aviso-prévio à outra parte se quiser romper o contrato e, se não o fizer, terá que pagar indenização. O rompimento imotivado do contrato gera a obrigação de fazer o aviso-prévio; o não cumprimento dessa obrigação gera obrigação de dar. Sob o ponto de vista doutrinário, é realmente lógica e equitativa essa obrigação, mas, sob o ponto de vista prático, esse dispositivo é inócuo. Não acreditamos muito na sua eficácia.

Vejamos essa situação: o representante quer desfazer o contrato e deixa de dar aviso-prévio de sua decisão; em consequência, terá que pagar indenização igual a 1/3 das comissões por ele recebidas nos últimos três meses. Entretanto, ele deixa de vender e não encaminha pedidos ao representado, durante três meses. O valor de seus pedidos é zero e sua comissão também será zero, e 1/3 de zero é zero.

É plenamente viável que tal aconteça, pois se o representante está interessado em desfazer o contrato não irá se empenhar em aumentar o faturamento do representante. Além do mais, se não pretende manter a representação, é porque está desmotivado.

Vamos ver a situação pelo outro lado: é a do representado que pretende desfazer o contrato. Ele deixa de atender aos pedidos, arrumando sempre algum senão para não atendê-los; poderá aceitar apenas alguns de pequeno valor. O montante das comissões auferidas pelo representante será diminuto, e um terço deste montante mais diminuto ainda.

Há outra hipótese a ser considerada: o representado dá o aviso-prévio de trinta dias ao representante, manifestando desejo de romper o contrato. Durante esses trinta dias, ele fica com o coração nas mãos: o que fará o representante ao saber que a representação lhe foi cassada? O representante não aproveitará a oportunidade para sabotar e minar o mercado que ele próprio conquistou para o representado, que agora o rejeita?

Ao que parece, o sistema de trinta dias deve ter-se originado do Direito Trabalhista. Reza a CLT que, no contrato de trabalho por tempo indeterminado, qualquer parte que desejar denunciá-lo deve dar à outra parte um pré-aviso de trinta dias. Destarte, se o empregador deseja resilir o contrato com seu empregado, dá-lhe aviso de rescisão com trinta dias de antecedência, concedendo-lhe duas horas diárias de licença, para que ele possa situar-se.

Há algumas décadas, a Varig deu aviso de trinta dias a um piloto. O empregado dispensado alçou voo num avião e o fez cair de ponta na pista de pouso do aeroporto de Porto Alegre, suicidando-se. Este fato teve enorme repercussão e, desde então, as empresas praticamente aboliram o sistema e preferiram pagar os trinta dias em dinheiro e dispensar imediatamente o empregado, considerando-o desligado, até mesmo impedindo-o de entrar no estabelecimento.

6. FORO COMPETENTE DO CONTRATO

6.1. A eleição de foro
6.2. A adoção do melhor sistema
6.3. A cláusula compromissória

6.1. A eleição de foro

Por foro competente entende-se o poder judiciário com competência para julgar qualquer questão referente à execução ou interpretação do contrato. Alguns consideram como foro o local em que as demandas são julgadas, ou, melhor dizendo, o local em que está localizada a vara (juízo) para julgar as questões decorrentes do contrato.

Cabe às partes do contrato o estabelecimento do foro competente para dirimir as divergências entre elas no tocante às suas relações jurídicas, como acontece com o contrato de representação comercial. Para julgamento das controvérsias que surgirem entre representante e representado, **é competente a Justiça Comum e foro do domicílio do representante**, aplicando-se o **procedimento sumário**, ressalvada a competência do Juizado Especial Cível. Isto é o que diz o art. 39 da Lei 4.886/65, o que nos faz reconhecer que a eleição de foro, isto é, a escolha do juízo competente, não fica mais ao sabor das partes, que ficam limitadas pela lei neste aspecto.

É o chamado foro privilegiado, existente em diversas situações, como nas divergências entre marido e mulher; ela tem foro privilegiado, o foro de seu domicílio garantido pela lei. E a lei elege como foro competente do contrato de representação comercial o domicílio do representante. A verdade é que a lei não é tão rígida neste problema, sendo permitido às partes elegerem o foro de conveniência delas, de mútuo acordo. A lei não veda acordo entre partes, desde que não afronte normas de ordem pública.

Achamos, porém, que nesse acordo deve prevalecer a vontade do representante. O contrato de representação comercial é normalmente contrato de adesão, e o representante é a parte mais fraca; e, portanto, goza da tutela da lei. Por isso, as partes poderão escolher outro foro, mas fica assegurada a escolha pelo representante. Nessas condições, apesar do que diz a lei, é conveniente que o representante faça constar no contrato que o foro competente será o de seu domicílio.

Se representante e representado decidirem escolher outro foro, deverá constar artigo declarando qual seja, dizendo também qual será a Justiça Comum, isto é, a Justiça Civil. Diz o art. 39 que a Justiça Comum, mas será de bom alvitre reforçar a disposição legal incluindo a cláusula da escolha da Justiça Comum. Será um bloqueio à possível tentativa de algumas das partes em apelar para a Justiça do Trabalho, o que viria em prejuízo do representante.

A lei prevê também o enquadramento dos litígios no processo sumário e no Juizado Especial Cível. Essa disposição vem em benefício de ambas as partes: o processo sumário é mais simplificado do que o processo ordinário, facilitando seu desfecho. Se o valor da causa não for elevado, o Juizado Especial Cível facilitará o desenrolar do processo.

6.2. A adoção do melhor sistema

Todavia, a nossa legislação abre um leque de soluções para o estabelecimento do foro competente, adequado, lógico e sensato para a resolução de litígios. Apela-se a outros sistemas, o que foi batizado nos Estados Unidos da América com o nome de ADR – *Alternative Dispute Resolutions* = Resolução Alternativa de Disputas. Entre essas resoluções, ressalta-se a arbitragem, regulamentada pela Lei 9.307/96. Aliás, sobre este assunto, faremos longas e profundas considerações no final deste compêndio, mas falaremos desde já sobre essa cláusula contratual que prevê a forma de solução de litígios entre representante e representado e, possivelmente, o comprador dos produtos do representado, que possa afigurar como terceira parte.

Embora o processo sumário, preconizado pela lei, ou o Juizado Especial Cível, quando for possível adotá-lo, sejam mais adequados, ainda assim não podem ser considerados satisfatórios. A Justiça Comum é uma forma inadequada de resolução de controvérsias empresariais, como de regra em qualquer tipo de controvérsia. E litígios na área do contrato de representação comercial são empresariais.

6.3. A cláusula compromissória

Deve então ser inserida no contrato de representação comercial a cláusula de eleição de foro, escolhendo a arbitragem como mecanismo de solução de qualquer divergência no que tange às relações contratuais. Deve ser bem realçada, redigida com letras maiores e mais frisantes do que as das outras cláusulas do contrato. Será melhor que seja assinada especialmente pelas mesmas pessoas que tiverem assinado o contrato. Como sugestão, vai aqui a redação desta cláusula.

> *Por esta cláusula compromissória, as partes deste contrato comprometem-se a submeter eventuais litígios que possam surgir entre elas em decorrência deste contrato à resolução por via da arbitragem. O julgamento será processado nos termos da Lei 4.886/65, que regulamenta a profissão de representante comercial autônomo; à Lei 9.307/96, que regulamenta a arbitragem e, subsidiariamente, das normas gerais do Direito contidas no Código Civil.*
>
> *Fica eleita para dirimir litígios entre elas a ARBITRAGIO – CÂMARA DE MEDIAÇÃO E ARBITRAGEM EM RELAÇÕES NEGOCIAIS.*

Trata-se de um modelo simples e objetivo de cláusula compromissória; poderão as partes escolher outro modelo e em bases diferentes, como, por exemplo, a que terá julgamento com base na equidade ou nos princípios gerais do Direito, ou os usos e costumes da atividade empresarial, ou as convenções internacionais. Predomina neste sistema a autonomia da vontade das partes contratantes.

7. A CLÁUSULA *DEL CREDERE*

7.1. Aspectos conceituais da cláusula
7.2. Comissões no caso de inadimplemento
7.3. A tentativa de imposição da cláusula

7.1. Aspectos conceituais da cláusula

O singelo art. 43 estabelece uma disposição que agora vem sendo levantada e combatida, após anos de desprezo. Ele diz que é vedada no contrato de representação comercial a inclusão de cláusulas *del credere*. Antes de exercemos a análise crítica desta questão, vamos examinar o conceito desta cláusula: é um dispositivo contratual destinado a criar para o RCA a obrigação de pagar o débito dos clientes que adquirirem produtos da representada, caso haja impontualidade resultante de insolvabilidade ou da recusa do pagamento.

Vamos citar um exemplo de aplicação dessa cláusula: Ulpiano é representante da GAIA LTDA. e lhe encaminha pedidos de mercadorias; esta fornece as mercadorias à cliente de Ulpiano, a PAULA LTDA., sacando duplicata contra ela. Quando chega o vencimento da duplicata, esta não é paga, por um motivo qualquer. Ulpiano não tem responsabilidade pelo inadimplemento de PAULA LTDA., pois a representada, GAIA LTDA., é quem sacou a duplicata contra PAULA LTDA. e lhe deu crédito. Ulpiano não faz parte dessa operação creditória.

Entretanto, se houvesse cláusula *del credere* no contrato de representação comercial, Ulpiano teria que responder pelo inadimplemento de PAULA LTDA. É como se ele fosse endossante ou avalista da compradora. Trata-se de ônus muito pesado para o RCA, pois a venda poderá ser de elevado valor. Por esta razão, a lei procurou garantir a estabilidade do RCA, proibindo essa cláusula tão potestativa. Destarte, o RCA não responde pela falta de pagamento do débito do comprador perante o representado, seja pela insolvência, seja pela recusa do pagamento.

7.2. Comissões no caso de inadimplemento

A responsabilidade do RCA não pode ser prevista quanto ao pagamento da compra de produtos do representado; mas, quanto ao recebimento das comissões, é possível, e julgamos até lógico, que ele não receba. Vejamos a situação criada por PAULA LTDA. no exemplo há pouco exposto: Ulpiano não terá de pagar o débito, mas, por outro lado, não terá direito à comissão sobre a venda fracassada.

Por isso, entre os elementos do contrato de representação comercial previstos no artigo 27, deverá constar a retribuição e a época do pagamento, pelo exercício da representação, dependente da efetiva realização dos negócios, e recebimento, ou não, pelo representado, dos valores respectivos. Além do que dispuser o contrato, o parágrafo 1º do art. 33 estabelece regra geral:

> *Nenhuma retribuição será devida ao representante comercial, se a falta de pagamento resultar de insolvência do comprador, bem como se o negócio vier a ser por ele desfeito ou for sustada a entrega de mercadorias devido à situação comercial do comprador, capaz de comprometer ou tornar duvidosa a liquidação.*

Assim sendo, o RCA só receberá sua comissão no pagamento da venda realizada pelo representado, a menos que o contrato de representação comercial tenha estabelecido de forma diferente. Todavia, essa condicionalidade de recebimento da comissão não pode ser observada no caso de responsabilidade pela falta de pagamento por parte do comprador.

7.3. A tentativa de imposição da cláusula

Surpreendeu de modo muito preocupante, não só os RCAs como as empresas que adotam o sistema de representação, a iniciativa de um deputado de apresentar projeto de lei alterando a Lei 4.886/65 com a supressão do art. 43, que veda a inclusão de cláusulas *del credere* no contrato de representação comercial. A preocupação tornou-se maior quando esse projeto foi aprovado pela Câmara dos Deputados, provocando prontas reações por parte do SIRCESP – SINDICATO DOS REPRESENTANTES COMERCIAIS E DAS EMPRESAS DE REPRESENTAÇÃO COMERCIAL DO ESTADO DE SÃO PAULO, que luta para barrar o sucesso desse projeto.

Não se compreende a razão do empenho de alguns deputados contra a vedação da cláusula. Trata-se de um problema doméstico, que visa a preservar a segurança de uma profissão; não se trata de problema de segurança nacional. Que modificações louváveis trará essa cláusula para o aperfeiçoamento dessa profissão?

O fundamento desse projeto é a analogia do contrato de representação comercial com o contrato de comissão e o de concessão comercial. Todavia, não se devem aplicar os mesmos critérios, pois, se há semelhança entre os contratos, há diferenças entre as figuras do representante e as do comissário e concessionário. As empresas comissárias e concessionárias são empresas de bom porte, geralmente S.A., e possuem forte estrutura; têm cadastro de clientes e departamento de crédito organizado, o que as torna capazes de avaliar sua clientela. O RCA exerce trabalho quase pessoal, do tipo artesanal. Não tem vastos recursos de avaliação de crédito, setor de cadastro, analistas de crédito e outros fatores que lhe permitam levantar o perfil dos devedores e sua capacidade de enfrentar situações desfavoráveis de crédito.

8. DA REMUNERAÇÃO DO REPRESENTANTE

8.1. Bases do pagamento das comissões
8.2. Apresentação de notas fiscais
8.3. Garantias do pagamento
8.4. Isenção ou retenção de comissões
8.5. Prescrição do direito à comissão
8.6. Comissão póstuma
8.7. Na rescisão injusta do contrato
8.8. A possível recusa da venda
8.9. Comissão por venda desfeita
8.10. O prazo para pagamento da comissão

8.1. Bases do pagamento das comissões

A remuneração do RCA consiste numa comissão sobre o valor das vendas. Essa remuneração deve estar prevista no contrato de representação comercial, conforme exige o artigo 27: a retribuição, a época do pagamento, a data em que fará jus ao recebimento da comissão. Em princípio, o RCA adquire o direito às comissões quando do pagamento das faturas referentes aos pedidos ou propostas, segundo estabelece o art. 32.

O pagamento das comissões deverá ser efetuado até o dia quinze do mês subsequente ao da liquidação da fatura, acompanhada das respectivas cópias das notas fiscais. As comissões pagas fora do prazo de quinze dias deverão ser corrigidas monetariamente.

Se a comissão não for paga nesse prazo de quinze dias, é facultado ao RCA emitir títulos de crédito para cobrança de comissões, e as comissões deverão ser corrigidas monetariamente. O título de crédito possível de emissão pelo RCA é a letra de câmbio; a duplicata não será possível, porque não se refere a uma venda; a nota promissória também não, porque seria uma confissão de dívida; nem o cheque, porque seria uma ordem de pagamento. O título adequado é, pois, a letra de câmbio, sacada pelo representante contra o representado, a favor do próprio representante ou de outra pessoa.

8.2. Apresentação de notas fiscais

Porém, há um aspecto em aberto, que deve ser interpretado em favor do RCA, previsto no Parágrafo 1º do art. 32, quando diz: *O pagamento das comissões deverá ser efetuado até o dia 15 do mês subsequente ao da liquidação da fatura, acompanhada das respectivas cópias das notas fiscais.*

Essas notas fiscais serão emitidas por quem? Pelo representante ou pelo representado? O representado fatalmente emitirá nota fiscal ao vender a mercadoria ao comprador e em cima dessa nota fiscal emitirá a fatura e a duplicata sobre o valor da nota fiscal.

Entretanto, o RCA poderá se registrar como empresa civil, ou, como diz nosso Código Civil, como Sociedade Simples, no Cartório de Registro Civil de Pessoas Jurídicas; será uma empresa prestadora de serviços ao representado. Assim sendo, seu trabalho será de prestação de serviços; poderá então emitir nota fiscal de serviços, e sobre o valor dessa nota será calculada a comissão. O representante comercial autônomo apresentará essa nota ao representado para reclamar sua comissão.

Se o RCA se registrar na Junta Comercial, não poderá sacar a duplicata de serviços, pois teria que ser mercantil, e não de prestação de serviços. Quem vai, então, emitir a nota fiscal será o representado, que é o vendedor. Se o RCA não se registrar como empresa na Junta Comercial nem no Cartório de Registro Civil de Pessoas Jurídicas, não terá a faculdade de emitir nota fiscal nem duplicata. Embora seja equiparado ao empresário não o é; portanto, não goza desse privilégio.

A comissão deve ser calculada pelo valor total das mercadorias. É um princípio de realismo; se for calculada a menos, parecerá uma fraude contra o fisco ou contra o próprio representante; se for a mais, dará impressão semelhante. Que pretende a lei dizer com *valor total das mercadorias*? Entendemos que seja, além do valor das mercadorias, conforme consta da nota fiscal, também os impostos que recaem sobre o valor delas. É o valor pago pelo comprador para contar com a mercadoria incorporada ao seu patrimônio.

8.3. Garantias do pagamento

São vedadas na representação comercial alterações que impliquem, direta ou indiretamente, a diminuição da média dos resultados auferidos pelo representante nos últimos seis meses de vigência. É uma garantia para o representante, ao evitar que o representado modifique as regras do jogo depois que ele começou. Como foi dito, as comissões deverão ser calculadas sobre o valor total das mercadorias; não poderá ser modificada essa base de cálculo, como, por exemplo, se a base for depurada dos impostos, diminuindo assim o valor das comissões.

É preciso considerar que o contrato de representação comercial é um tipo de contrato por adesão, elaborado como se fosse num módulo ou formulário, com as cláusulas impostas pelo representado, que o representante terá que aceitar ou não terá a representação. O representante é a parte mais fraca, com pouco poder de barganha; é patente a falta de equilíbrio de forças com a inferioridade do representante, que o torna impotente para reagir à pressão do representado. Por isso, há necessidade de que a lei o tutele, estabelecendo mais equilíbrio de forças, não permitindo modificação unilateral por parte do representado.

Outra garantia do recebimento das comissões ocorre nos casos da não aceitação dos pedidos, ou seja, a representada não vende a determinado comprador, apesar de haver pedido encaminhado pelo representante. Deve constar no contrato o prazo dado à representada para vender de acordo com os pedidos, como, por exemplo, 15, 20 ou 30 dias, conforme o caso.

Não sendo previstos, no contrato de representação, os prazos para recusa das propostas ou pedidos que tenham sido entregues pelo representante, acompanhados dos requisitos exigíveis, ficará o representado obrigado a creditar-lhe respectiva comissão, se não manifestar a recusa por escrito. Essa recusa deve ser comunicada no prazo variável:

- De quinze dias, se o comprador for domiciliado na mesma praça;

- De trinta dias, se o comprador for domiciliado em outra praça do mesmo Estado;
- De sessenta dias, se o comprador for domiciliado em outro Estado;
- 120 dias, se for no estrangeiro.

Os valores da comissão, para efeito desse pré-aviso, como da indenização no caso de rescisão imotivada do contrato, deverão ser corrigidas monetariamente.

Salvo ajuste em contrário, as comissões devidas serão pagas mensalmente, expedindo o representado a conta respectiva, conforme cópias das faturas remetidas aos compradores, no respectivo período.

8.4. Isenção ou retenção de comissões

Estará isenta de pagamento de comissão a venda não realizada, embora houvesse pedido encaminhado pelo representante, mas cuja frustração se deu por razões que justificaram a recusa do pedido. Essas razões podem ser a insolvência do comprador, caracterizada pelo protesto de títulos, por ter ele requerido recuperação judicial ou houver pedido de falência contra ele; se ele apresenta atrasos reiterados no pagamento de compromissos; enfim, que revelem situação creditícia duvidosa e o tornem capaz de comprometer ou tornar duvidosa a liquidação de suas contas.

O representado poderá também reter as comissões devidas ao representante, se houver justo motivo para a rescisão do contrato, com o fim de ressarcir-se de danos por este causados e, bem assim, nas hipóteses previstas no art. 35, sobre as causas que autorizem o representado a pedir a rescisão, conforme já examinamos.

8.5. Prescrição do direito à comissão

O art. 44 da Lei 4.886/65 prevê a situação dos direitos do representante no caso de falência do representado, que seria seu devedor. O parágrafo único deste artigo diz qual será a prescrição para que o representante possa reclamar seus direitos:

> *Prescreve em cinco anos a ação do representante comercial para pleitear a retribuição que lhe é devida e os demais direitos que lhe são garantidos por esta lei.*

Como este parágrafo está inserido no artigo que fala sobre falência, forma-se confusa impressão de que essa prescrição só se aplica no caso de falência do representado. Em nosso parecer, este dispositivo estende-se ao direito à comissão em qualquer caso em que ela não for paga. A lei não parece dizer que este parágrafo **só** se aplica à falência, mas **também** à falência. Destarte, devemos levar em consideração que o direito de reclamar o pagamento de comissão prescreve no prazo de cinco anos, a partir do dia em que esse direito tenha sido adquirido, seja por causa da rescisão do contrato, seja pela falência do representado, seja por simples inadimplemento do devedor.

8.6. Comissão póstuma

A decisão de um Tribunal de Justiça deve ser considerada para o caso de haver rescisão de contrato, mas se após a rescisão for efetuada uma venda. Todavia, esta venda deveu-se ao trabalho do representante, que apanhou o pedido e o encaminhou ao representado; logo após, o contrato foi rescindido. O Tribunal de Justiça levou em consideração o trabalho do representante, graças ao qual a venda foi efetuada. Teve ele, portanto, o direito à comissão.

8.7. Na rescisão injusta do contrato

Em caso de rescisão injusta do contrato por parte do representado, a eventual retribuição pendente por pedidos em carteira ou em face de execução e recebimento terá vencimento na data da rescisão. A rescisão injusta acontece se o representado rompe o contrato sem que o representante tenha dado motivo para tanto; nesta hipótese, o representado é pego de surpresa. Neste caso, as comissões a vencer, devidas ao representante, terão seu vencimento antecipado para o momento da rescisão. É prática vulgarizada pelo Direito norte-americano com o nome *acceleration clause*.

Ocorre comumente em uma situação que a lei não previu. Muitas vezes a venda é feita em escalas, com pagamento parcelado. O faturamento é feito, por exemplo, em 30, 60, 90 dias, e o pagamento é feito também nessa escala. O direito à comissão vence com as parcelas do pagamento. Entretanto, se o contrato for desfeito, a comissão deverá ser paga no momento da rescisão, uma vez que o contrato, mesmo desfeito, deixaria pendências.

8.8. A possível recusa da venda

Situação delicada pode ser causada se o RCA encaminhar ao representado pedido ou proposta de compra de mercadorias. Trata-se de trabalho executado pelo representante dentro de suas atribuições, mas, por qualquer razão, o representado recusou-se a vender, a atender ao pedido. Poderia o representante pedir sua comissão? Em princípio a resposta é negativa, porquanto, por norma geral, o representante só faz jus à comissão no momento em que for pago o preço da venda. Contudo, várias situações poderão modificar a norma geral.

Tais pormenores deveriam ser previstos no contrato, o que afastaria dúvidas. Nem sempre, porém, o contrato estabelece certas soluções. Se os prazos para recusa das propostas ou pedidos que hajam sido entregues pelo representante, acompanhados dos registros exigíveis, são estabelecidos pelo art. 33: vigoram os prazos legais. Além disso, obriga o representado a comunicar por escrito sua recusa ao representante. Os prazos estabelecidos pelo art. 33 são os seguintes:

- 15 dias: se o comprador for domiciliado na mesma praça do vendedor;

- 30 dias: se o comprador for domiciliado em outra praça do mesmo Estado;
- 60 dias: se o comprador for domiciliado em outro Estado;
- 120 dias: se o comprador for domiciliado no exterior.

Decorridos esses prazos do texto legal sem a comunicação de recusa pelo representado, presume-se que o pedido tenha sido aceito e, portanto, o representado está obrigado a creditar a comissão da venda ao representante. A recusa do representado não se presume; ela tem que ser expressa.

8.9. Comissão por venda desfeita

Há, às vezes, motivo justificado para o representado suspender a venda, ou seja, a princípio o pedido foi aceito, mas depois o representado voltou atrás, antes de realizar a venda. Acontece quando o comprador entra em estado de insolvência patente. O representado aceita o pedido e deixa passar o prazo para a recusa. Antes de processar a venda, recebe informações que o comprador se revelou em estado de insolvência. Este estado é o da incapacidade de um devedor solver seus débitos com os recursos que possui. A insolvência tem que ser patente, como, por exemplo, com títulos protestados. O protesto de título vencido e não pago é demonstração do estado de insolvência. Se o comprador não paga dívida vencida, presume-se que não pagará novas dívidas.

O tipo de trabalho executado pelo representante é de utilidade, de proveito. O representante não recebe a comissão pelo esforço desenvolvido, mas pelo proveito que proporcionou ao representado. A venda não se realizou, não houve pagamento, a comissão sobre ela não existe. Por outro lado, o vendedor da mercadoria não agiu arbitrariamente ou por capricho, ele teria que conceder crédito de recuperação duvidosa; se a venda fosse com pagamento a vista, não teria o representado motivo para recusar o pedido, e a comissão seria devida.

Quando a lei fala em insolvência, não quer dizer falência, embora a insolvência seja, quase sempre, a causa da falência.

Se o comprador foi à falência, o vendedor nem mesmo poderia vender à empresa falida, por impedimento legal, e, se vendesse, não poderia receber o preço da venda. Se o comprador não faliu, mas pediu recuperação judicial (instituto que substituiu a antiga concordata), não há razão legal para recusar o pedido, pois empresa em recuperação judicial é solvente.

Será diferente o critério se a venda for realizada e, depois do faturamento, o comprador entrar em insolvência ou tiver sua falência decretada. Parece-nos que, neste caso, a insolvência se dará por causa imputável ao vendedor; o representado tem sua estrutura administrativa e creditícia (ou deveria ter). Ele assumiu o risco de conceder crédito ao comprador, pois não avaliou devidamente a capacidade econômica deste. Não cabe culpa ao representante pela imprevisão ou má previsão; fez jus, portanto, à comissão.

8.10. O prazo para pagamento da comissão

Salvo ajuste em contrário, as comissões devidas serão pagas mensalmente, com o representado expedindo a conta respectiva, conforme cópias das faturas remetidas aos compradores no respectivo período. Com o pagamento da fatura pelo comprador, o representante adquire direito à percepção das comissões. Pelo costume adotado comumente pelas empresas, ao ser pago o preço da venda, é feito crédito em conta-corrente do representante, a partir do dia primeiro do mês, durante o decorrer do mês vão sendo feitos créditos de várias vendas, no dia do pagamento delas. No final do mês, o pagamento é liberado a favor do representante. O pagamento é, portanto, feito mensalmente, no último dia do mês.

O representado extrai, no último dia do mês, o extrato contábil da conta-corrente, enviando-lhe junto com a cópia das faturas enviadas aos compradores durante o mês findo. O representante poderá então exercer o controle de suas contas, comparando as faturas com os pedidos enviados.

As comissões não pagas ainda terão juros e correção monetária, caso houver rompimento do contrato.

9. O REPRESENTANTE COLABORADOR

9.1. O contrato de colaboração
9.2. A rescisão do contrato de representação contratada
9.3. Os prazos de atendimento

9.1. O contrato de colaboração

Uma das características do contrato de representação comercial, tratadas no início deste compêndio, é a impessoalidade do trabalho do representante. É também uma das características que o distinguem do vendedor empregado. O trabalho do funcionário de empresa, regido pela CLT, é pessoal; se ele não puder ir trabalhar, não pode mandar outra pessoa em seu lugar; por isso, a CLT fala em *prestação pessoal de serviços*. Não ocorre assim com o RCA; ele poderá delegar suas funções e seus poderes a outras pessoas.

Poderá nomear, inclusive, outro representante em sua zona de operações. É facultado ao representante contratar de outros representantes comerciais a execução dos serviços relacionados com a representação. Haverá então na zona dois profissionais atuando: o representante-contratante e o representante-contratado, num tipo de parceria. Haverá um contrato entre ambos, contrato esse inominado, mas com as mesmas características do contrato de representação comercial.

Neste contrato de colaboração, como se fosse uma parceria, o pagamento de comissões ao representante comercial contratado dependerá da liquidação da conta de comissão devida pelo representado ao representante-contratante. O direito à comissão de um segue o do outro; quando o representante-contratante tiver direito à comissão, o representante-contratado também o terá. Não é necessário que haja relacionamento entre a empresa representada. A comissão poderá ser paga ao representante-contratante, que repassará parte dela ao representante-contratado, conforme acordo entre ambos.

9.2. A rescisão do contrato de representação contratada

Ao representante-contratado, no caso de rescisão da representação, será devida pelo representante-contratante a participação no que houver recebido da empresa representada a título de indenização, proporcionalmente às retribuições auferidas pelo representante-contratado na vigência do contrato.

Se o contrato for rescindido sem justo motivo dado pelo representante-contratante, o representante-contratado fará jus ao aviso-prévio e à indenização na forma da lei. Apelamos ao princípio *accessorium sequitur suum principalem* = *o acessório segue o seu principal*; o contrato assinado entre o representante-contratante e o representante-contratado é acessório. Se houver rescisão do principal, automaticamente o acessório estará rescindido. Neste caso, aumentará a indenização do representante e, consequentemente, a do representante-contratado.

9.3. Os prazos de atendimento

O representante-contratado é também um representante comercial autônomo, e os prazos para a recusa do pedido e propostas para ele serão aumentados em dez dias. Vamos explicar melhor essa questão. Vimos no capítulo anterior que a representada, ao receber o pedido de fornecimento de mercadorias feito pelo representante, tem um prazo para recusar ou atender a esse pedido. Esse prazo deve ser estabelecido no contrato, mas, na omissão deste, haverá os prazos legais, previstos no art. 33.

Esse prazo é variável em 15, 30, 60 e 120 dias, conforme a localização do comprador. Esses prazos aplicam-se ao representante. Todavia, quando se trata do representante-contratado,

esses mesmos prazos são adotados, mas com o acréscimo de dez dias. Assim, se houver um pedido de mercadorias feito por um representante-contratado e encaminhado à empresa representada, os prazos para a aceitação desse pedido pela empresa representada serão os seguintes:
- 15 dias + 10 = 25 dias, para pedidos na mesma cidade;
- 30 dias + 10 = 40 dias, para pedidos no mesmo Estado;
- 60 dias + 10 = 70 dias, para pedidos em outro Estado;
- 120 dias + 10 = 130 dias, para pedidos no estrangeiro.

10. OBRIGAÇÕES DAS PARTES CONTRATANTES

10.1. Obrigações do representante
10.2. Obrigações do representado

10.1. Obrigações do representante

O contrato de representação comercial é um contrato de prestações recíprocas e, por isso, cada parte tem obrigações para com a outra. O representante fica obrigado a fornecer ao representado, segundo as disposições do contrato, ou, sendo este omisso, quando lhe for solicitado, informações pormenorizadas sobre o andamento dos negócios a seu cargo.

Naturalmente, o dever primordial do representante é propiciar ao representado as oportunidades de venda, e, como diz o art. 1º, *desempenhando a intermediação para a realização de negócios mercantis, agenciando propostas ou pedidos, para transmiti-los ao representado*. Mais precisamente, deve encaminhar os pedidos de compra para o representado-fornecedor. Na realidade, esse trabalho é mais complexo e profundo: consiste em pesquisar o mercado consumidor; descobrir as necessidades dele e planejar as melhores formas de satisfazer a essas necessidades; propor planos de divulgação e propaganda dos produtos; cadastrar possíveis clientes. Deve dedicar-se à representação de modo a expandir os negócios do representado e promover os seus produtos.

No seu relacionamento com o representado, deve envidar esforços para que as relações entre eles sejam contratadas por escrito, com todos os requisitos legais bem definidos. Por outro lado, deve colaborar com o representado, informando e advertindo o representado dos riscos, incertezas e demais circunstâncias desfavoráveis de negócios que lhe forem confiados, sobretudo em atenção às momentâneas variações do mercado local. Deve prestar contas na forma legal, com exatidão e clareza, dissipando as dúvidas que surgirem, sem obstáculos ou dilações.

Geralmente, o RCA tem zona exclusiva para sua atuação, que deve ser respeitada. Em compensação, deverá respeitar seus limites e os limites de seus representantes, não invadindo zonas destinadas a outrem.

Sua vida particular deve ser ilibada e pautar-se em seus interesses profissionais, não tomando atitudes que vulgarizem ou comprometam sua imagem profissional, como frequentar assiduamente bares e botequins, revelando-se *amigo do copo* e fazendo amizades próprias de tais ambientes. Lembremo-nos de um ditado muito comum no Direito italiano e francês: *Dize-me com quem andas e te direi quem és*. Acima de tudo, não deve incorrer em atos considerados crimes, principalmente os previstos no art. 4°c, que vedam o exercício da profissão.

O RCA, como todo profissional, deve ter consciência profissional; precisa reconhecer que estamos na era da especialização, da tecnologia e do profissionalismo, e isto implica o aprimoramento permanente na execução de seu trabalho e integração máxima no conjunto de suas funções. Está compelido a conhecer os produtos que distribui, as características louváveis deles, seu uso e aplicações. Deve submeter-se a treinamento constante, participando de seminários, simpósios, exposições, estabelecendo contatos com outros colegas e aproveitando a experiência deles, descobrindo os últimos lançamentos, produtos concorrentes e obtendo outras informações úteis.

Está obrigado a apresentar a carteira profissional, quando for solicitada por quem de direito, como os diretores do CORCESP, dirigentes da representada, autoridades públicas ou outras pessoas a quem competir sua identificação. Não deve perder de vista que sua profissão é tutelada pela lei e por seus órgãos reguladores, o CORCESP e o SIRCESP. Por isso, o RCA deve velar pela existência e finalidade do Conselho Federal e do Conselho Regional a cuja jurisdição pertence, cooperando para fazer cumprir suas recomendações.

Pertence a uma categoria profissional numerosa e importante, que no Brasil inteiro leva produtos de consumo às mais extremas regiões. É dever de todos os representantes zelar pelo prestígio da classe, pela dignidade de sua profissão e pelo permanente aperfeiçoamento das instituições mercantis e sociais. No âmbito de suas obrigações profissionais, na realização dos interesses que lhe forem confiados, deve agir com a mesma diligência que qualquer empresário ativo e probo costuma empregar na direção de seus próprios negócios (o representante é considerado empresário).

Deve conduzir-se sempre com lealdade nas suas relações com os colegas; todos fazem parte da mesma classe profissional, e a colaboração e a solidariedade mútua são convenientes a todos. O RCA não deverá aceitar a representação comercial de quem não tenha cumprido, notoriamente, seus deveres para com qualquer colega que anteriormente o tenha representado.

A não ser que tenha autorização expressa do representado, o representante não poderá conceder desconto sobre o preço das mercadorias vendidas nem dilatar o prazo de pagamento. Está obrigado a ater-se aos poderes que lhe são conferidos pelo contrato.

10.2. Obrigações do representado

A principal obrigação do representado é colocar seus produtos à disposição do representante, satisfazendo os pedidos que ele lhe encaminhar e obedecer aos termos do contrato e da lei. Seu esforço exigido é o de conservar seus produtos e manter o preço deles, tanto quanto possível. Se for retirado um produto de sua pauta, haverá diminuição do faturamento do produtor e, consequentemente, do lucro do representante.

O representado, sendo o produtor e fornecedor, deve renunciar a qualquer preferência quanto aos seus representantes; não pode estabelecer um preço para certos representantes sem estendê-lo a todos. Tampouco pode reservar certos produtos a alguns, negando-os a outros.

Grande responsabilidade do representado é pagar ao representante as comissões pelas vendas efetuadas graças aos pedidos dele. Fazemos neste compêndio estudo especial sobre as retribuições ao representante, em que o atraso ou o não pagamento das comissões devidas poderá provocar até o pedido de rescisão do contrato por parte do representante.

11. A FALÊNCIA DO REPRESENTADO

11.1. Os institutos falimentares
11.2. A comissão na recuperação judicial
11.3. A comissão na falência

11.1. Os institutos falimentares

No dizer do art. 44, nos casos de falência do representado, as importâncias por ele devidas ao representante comercial relacionadas com a representação, inclusive as comissões vencidas e vincendas, indenização e aviso-prévio, serão considerados créditos da mesma natureza dos créditos trabalhistas.

Este artigo merece várias considerações em vista da evolução de nosso Direito Empresarial. A Lei 4.886/65 tem 45 anos e foi elaborada na vigência de uma Lei Falimentar de 1945, hoje revogada por nova lei, a Lei de Recuperação de Empresas, Lei 11.101, de 09.02.2005. Esta lei, entretanto, não apenas revogou a antiga Lei Falimentar, mas implantou no Brasil um novo sistema falimentar, muito diferente do anterior.

Pelo novo sistema, a falência tornou-se instituto de relevância secundária, motivo pelo qual a tutela jurídica da comissão de representante perdeu parte de sua força. Diga-se de passagem que representante algum recebeu suas comissões de empresa falida, em vista da antiga Lei Falimentar ter sido deturpada por uma jurisprudência caolha. Contudo, como essa antiguidade já foi banida de nosso direito, preferimos não entrar no seu mérito, para não gastar cera boa com mau defunto.

O sistema adotado recentemente no Brasil, baseado em uma lei francesa, faz prevalecer a sobrevivência da empresa, dando-lhe mecanismos diversos para evitar a sua falência. Prevalece nesse sistema o instituto da recuperação judicial, que substituiu a antiga concordata, ficando a falência como instituto secundário. Vamos examinar então o primeiro caso, isto é, a recuperação judicial, e como ficará a comissão do representante no caso do seu representado requerer judicialmente esse *favor legis* (favor legal).

11.2. A comissão na recuperação judicial

Se a empresa requerer a recuperação judicial, terá de apresentar um plano de pagamento de suas dívidas, ficando estas suspensas e submetidas a este plano, que deverá ser aprovado pelos credores. As comissões não ficarão inseridas neste plano, devendo ser pagas no mesmo esquema dos salários dos empregados. Outros possíveis débitos para com o representante obedecerão ao plano. Para examinar este plano de pagamentos das dívidas, aprová-lo e acompanhar o processo, os credores formarão um comitê, chamado de Comitê de Credores, que indicará o comissário para acionar o processo. Esse Comitê terá três componentes, representando três classes de credores:
- Um representando os créditos trabalhistas;
- Um representando os créditos com direitos reais de garantia;
- Um representando os créditos quirografários, ou seja, créditos sem garantias.

Como o representante comercial autônomo é equiparado aos empregados, ele pode atuar nesse Comitê, indicando alguém para representá-lo. Os representantes podem então acionar seu Sindicato, o SIRCESP, para que este indique um candidato para formar o Comitê no grupo dos créditos trabalhistas. Haverá oportunidade desse representante defender os interesses dos representantes no decorrer do processo. Essa posição é muito importante, porquanto o fato de a empresa representada estar em recuperação judicial, não dá azo à rescisão do contrato, pois a empresa continua a funcionar normalmente, apenas será acompanhada pelo Comitê.

11.3. A comissão na falência

Quando se tratar de falência, o representante sentirá algumas dificuldades, apesar da preferência no recebimento de seus créditos. O pagamento será mais demorado e dependerá da arrecadação dos bens da empresa fornecedora, sua avaliação e venda em leilão. Será apurado, então, um saldo, que será aplicado no pagamento dos credores, obedecendo a uma escala estabelecida pela lei.

Em primeiro lugar, serão pagos os créditos trabalhistas, e as comissões do representante são incluídas neste crédito. Há, portanto, preferência para os créditos do representante, que receberá em primeiro lugar se houver saldo suficiente.

Na falência haverá também Comitê de Credores, nas mesmas bases da recuperação judicial. Urge, porém, que a classe se movimente na defesa de seus direitos creditórios, unindo-se ao seu Sindicato ou ao seu Conselho Regional para influir no andamento do processo e impedir que o direito dos representantes seja passado para trás.

É bom lembrar que a falência do representado provocará automaticamente a resolução do contrato de representação comercial. Com o desfazimento do contrato, fica suspenso o pagamento das comissões e dos demais débitos da empresa falida. Todos os débitos serão pagos quando for judicialmente autorizado o pagamento.

12. A REPRESENTAÇÃO COM MANDATO

12.1. Sentido da representação
12.2. Representação em juízo

12.1. Sentido da representação

Dissemos alhures que o termo *representação* deixa de refletir o verdadeiro sentido jurídico do termo. O representante pratica atos em nome do representado, ou seja, substitui quem lhe outorgou a representação. É o caso do advogado que postula em juízo: ele fala em nome de seu cliente, ele pratica atos no lugar de seu representado. Se o advogado requer um provimento judicial, não é ele quem requer, mas o cliente que requer por meio do advogado.

Citemos outro caso: um menor impúbere não pode praticar muitos atos, por não ter capacidade jurídica; mas, em certos casos, pratica atos por intermédio de seu representante.

O RCA não pratica atos em nome do representado. Ele não vende e não fatura as vendas, apenas apanha pedidos de compra e os encaminha ao representado, que é o vendedor; a venda é realizada diretamente com o comprador. Portanto, o representante não é propriamente representante do representado. Por esta razão, o Direito europeu não adota essa nomenclatura, dando o nome de *agente* a esse profissional, o que faz também o nosso Código Civil, que regulamentou o *contrato de agência*, parecido com a representação comercial.

Todavia, ele pode ser um representante se for mandatário, ou seja, se tiver mandato outorgado pelo representado. Essa representação é possível por estar prevista em lei; o art. 1º diz sobre o representante: *praticando ou não atos relacionados com a execução dos negócios*. O parágrafo único do art. 1º esclarece melhor:

> *Quando o representante comercial incluir poderes atinentes ao mandato mercantil, serão aplicáveis, quando ao exercício deste, os preceitos próprios da legislação comercial.*

Este parágrafo único fala em *mandato mercantil*, o que não mais existe; constava do antigo Código Comercial de 1850, nos arts. 140 a 164, mas foi abolido pelo novo Código Civil; este regulamenta o *contrato de mandato*, nos arts. 653 a 692. Esta é a legislação que se aplica ao contrato de mandato aplicado junto com o de representação comercial.

12.2. Representação em juízo

Para que o representante possa exercer a representação em juízo, em nome do representado, requer-se mandato expresso. Incumbir-lhe-á, porém, tomar conhecimento das reclamações atinentes aos negócios, transmitindo-as ao representado e sugerindo as providências acauteladoras do interesse deste. O mandato tem como instrumento a procuração; deve ser procuração escrita, de preferência com firma reconhecida, outorgando ao representante poderes expressos e bem definidos.

Justifica-se essa representação legal em muitos casos. Por exemplo: em Fortaleza um comprador inconformado move ação contra o representado, uma empresa de São Paulo; esta não poderá mandar a Fortaleza um representante legal seu e um advogado para responder aos termos dessa ação. O representante mora lá, exerce lá as suas atividades e lhe fica mais fácil contratar um advogado de lá. Nas audiências, o representante comparece em nome do representado.

É um tipo de cooperação extra desempenhada pelo representante comercial, para a qual deverá ser remunerado. Por isso, diz o art. 38 que não serão prejudicados os direitos dos representantes comerciais quando, a título de cooperação, desempenhem temporariamente, a pedido do representado, encargos ou atribuições diversos dos previstos no contrato de representação, ainda que haja posteriormente rescisão do contrato de representação comercial. Muitas outras atribuições poderão ser dadas ao representante, como estocar mercadorias do representado, fazer cobranças judiciais ou extrajudiciais e cancelar vendas.

13. A EXCLUSIVIDADE DA REPRESENTAÇÃO

13.1. A exclusividade do representado
13.2. A exclusividade de zona

13.1. A exclusividade do representado

Um dos aspectos mais sensíveis e preocupantes da representação é o da exclusividade, quer do representado, quer do representante. Normalmente, o representado exige dedicação integral de seus representantes, não permitindo que eles atuem para outros fornecedores. Por seu turno, o representante não admite outro concorrente, ou seja, outro representante na sua zona; quer dominá-la e sabe que pode trabalhar um cliente e, depois, outro representante aproveitar-se desse trabalho, apanhando pedidos.

Por razões várias, o problema da exclusividade tornou-se delicado. A lei não é tão peremptória no estabelecimento da exclusividade. Basicamente, ela não vigora para o representante, já que ele é autônomo. Poderá, porém, haver acordo entre ambos, a ser incluído no contrato, reservando-se então o representante a trabalhar exclusivamente para um representado. É o que pode ser interpretado pelo texto do art. 41.

> *Ressalvada expressa vedação contratual, o representante comercial poderá exercer sua atividade para mais de uma empresa e empregá-la em outros misteres ou ramos de negócio.*

Assim sendo, pode o representante aceitar a exclusividade, mantendo vínculo com um só representado. Para abrir mão dessa exclusividade, imprescindível será a inclusão de cláusula contratual nesse sentido. Nem todos os representados exigem essa exclusividade, para não perder o concurso de bons representantes.

Por exemplo: em Cuiabá, um representante distribui roupas masculinas; porém, quer distribuir também roupas femininas de outro fornecedor e roupas infantis de outro. Terá um número mais amplo de produtos a distribuir e, na visita a determinada loja, poderá oferecer todos esses produtos. Não prejudicará qualquer dos representados, pois um não possui produtos fornecidos pelos outros.

Se o contrato com esses representados não contiver a cláusula de exclusividade, ele poderá contratar livremente com eles. Por medida de segurança, contudo, será conveniente que cada contrato traga cláusula de não exclusividade.

Uma verdade, todavia, se constata: não deve o representante representar empresas de produtos concorrentes. Afetará a ética profissional, o princípio da lealdade e da boa-fé. Se o representante aproxima o freguês do seu fornecedor, faz com que esse freguês seja desse fornecedor; fornecendo a este o produto de outro concorrente, estará roubando o cliente de seu fornecedor, trazendo prejuízo a quem confiou em seu trabalho. O representante não terá agido honestamente. Pode não ter praticado um crime, um ato ilícito, mas os antigos romanos nos ensinaram: *Non omne quod licet honestum est* = nem tudo que é lícito é honesto.

Deve o representante agir como todo cidadão probo, com observância do mais notório dos PGD = Princípios Gerais do Direito, formulado por Ulpiano: *Honeste vivere, neminem laedere, suum cuique tribuere* = Viver honestamente, a ninguém prejudicar e dar a cada um o que é seu.

13.2. A exclusividade de zona

No tocante à exclusividade de zona, garantida ao representante, há critérios semelhantes, dando liberdade às partes e prevendo o acordo entre elas sobre a adoção da exclusividade. Ela terá que ser convencionada entre as partes e constar de cláusula contratual. A exclusividade de zona não se presume, mas se prova por acordo escrito e expresso em cláusula contratual. Mesmo sem a cláusula de exclusividade de zona, ela existe sob outros efeitos, conforme veremos abaixo.

Prevendo o contrato de representação a exclusividade de zona ou zonas, ou quando este for omisso, fará jus o representante à comissão pelos negócios aí realizados, ainda que diretamente ou por intermédio de terceiros. Por exemplo, um empresário da Paraíba vem a São Paulo e procura o fornecedor de mercadorias, realizando compras diretamente com este. O fornecedor poderá faturar a venda, mas deverá reservar a comissão do seu representante na Paraíba.

Pelos dizeres da lei, ainda que não haja cláusula de exclusividade, se o representante *fizer jus à comissão pelos negócios aí realizados, ainda que diretamente ou por intermédio de terceiros*, existirão os mesmos efeitos da exclusividade.

Resumindo essa questão, as situações assim se apresentam:
1. No contrato deve constar a cláusula da exclusividade ou da não exclusividade;
2. Se o contrato for omisso a esse respeito, não há exclusividade;
3. Entretanto, o representante terá direito à comissão sobre vendas realizadas diretamente pelo representado ou por intermédio de terceiros, ainda que não haja cláusula de exclusividade.

14. UM MODELO DE CONTRATO

14.1. Contrato modelo
14.2. Comentários sobre o modelo

14.1. Contrato modelo

CONTRATO DE REPRESENTAÇÃO COMERCIAL

PARTES CONTRATANTES

IND. DE ROUPAS DE LÃ CAMPINENSE LTDA., sociedade limitada, brasileira, de natureza mercantil, sediada na cidade de Campos do Jordão, Estado de São Paulo, registrada na JUCESP sob o número 090.745, e no CNPJ sob o número 064.975.

JOÃO DO CARMO RODRIGUES, brasileiro, casado, representante comercial autônomo, registrado no COREP sob o número 80.987, portador da cédula de identidade 1.285.643 e CPF.017.984.789-74, domiciliado na Rua Apa, 420, Estado da Paraíba.

Por este instrumento particular de CONTRATO DE REPRESEN-TAÇÃO COMERCIAL, em duas vias, devidamente celebrado entre as partes e por elas assinado, elaborado nos termos da Lei 4.886/65, com as modificações introduzidas pela Lei 8.420/92, doravante denominadas REPRESENTADA e REPRESENTANTE, respectivamente, têm, entre si, justo e acordado este contrato, que se regerá pelas cláusulas a seguir expostas:

1. NOMEAÇÃO DO REPRESENTE COMERCIAL

A REPRESENTADA, por força deste contrato, nomeia o REPRESENTANTE como seu REPRESENTANTE COMERCIAL AUTÔNOMO exclusivo para o Estado da Paraíba, que aceita a nomeação e se compromete a exercer a REPRESENTAÇÃO COMERCIAL nesse Estado.

2. OBJETO DA REPRESENTAÇÃO

O REPRESENTANTE se obriga a promover a conquista e manutenção do mercado consumidor, em seu território, para os produtos da REPRESENTADA, cuja lista de preços é adicionada a este contrato, do qual fará parte integrante, agenciando propostas e pedidos, encaminhando-os à REPRESENTADA.

3. EXCLUSIVIDADE DE ZONA

O REPRESENTANTE é exclusivo em seu Estado, valendo esta exclusividade até o final do contrato. A REPRESENTADA não poderá nomear outro representante nesse Estado nem aceitar pedidos a não ser os do REPRESENTADO, a menos que lhe seja dada a comissão em pedidos de outrem.

4. DURAÇÃO DO CONTRATO

Este contrato é estabelecido por tempo indeterminado.

5. REMUNERAÇÃO DO REPRESENTANTE

O REPRESENTANTE fará jus à comissão pactuada no contrato de 5% (cinco por cento) sobre o valor da venda das mercadorias, que deverá ser paga quinze dias após o adimplemento do comprador. É devida também essa comissão se a venda for realizada diretamente pela REPRESENTADA ou por intermédio de terceiros na zona atribuída a ele por força do presente contrato.

6. VEDAÇÃO DE CONCESSÕES

Salvo autorização expressa, não poderá o REPRESENTANTE conceder abatimento, descontos ou dilações de prazo, nem outras concessões, e agir em desacordo com os termos do contrato e instruções da REPRESENTADA.

7. OUTORGA DE MANDATO

O REPRESENTANTE poderá ser constituído mandatário, com poderes de negócios e, além dos deveres gerais emergentes do contrato, deverá agir na estrita conformidade do mandato que lhe foi outorgado, ficando sujeito às prescrições legais relativas ao mandato. Pelo exercício do mandato, o REPRESENTANTE será remunerado de acordo com os termos do contrato de mandato.

8. ATIVIDADES EXTRAS

Não serão prejudicados os direitos do REPRESENTANTE quando, a título de cooperação, desempenhe, temporariamente, a pedido da REPRESENTADA, encargos ou atribuições diversos dos previstos no presente contrato.

9. COMISSÃO SOBRE PEDIDO NÃO ATENDIDO

As comissões também serão devidas no caso de pedidos recusados ou cancelados pela REPRESENTADA, quando o cancelamento ou recusa for manifestado por escrito ao REPRESENTANTE nos prazos de 15, 30, 60 ou 120 dias, conforme se trate de comprador domiciliado na mesma cidade, em outra cidade do mesmo Estado, em outro Estado, ou no estrangeiro, respectivamente.

10. ISENÇÃO DE PAGAMENTO

Nenhuma retribuição será devida ao REPRESENTANTE se a falta de pagamento resultar da insolvência do comprador, bem como se o negócio for desfeito, ou se for sustada a entrega da mercadoria por ser duvidosa a liquidação.

11. CONTA-CORRENTE DAS COMISSÕES

A REPRESENTADA manterá conta em nome do REPRESENTANTE, relativa ao movimento das comissões, obrigando-se a pagar, até o 15º dia do mês, o saldo apurado no último dia do mês vencido.

12. CUSTEIO DAS DESPESAS

As despesas necessárias ao exercício da REPRESENTAÇÃO ora concedida, relativas a transporte, hospedagem, telegramas, mostruários, correm por conta do REPRESENTANTE, e as que se referirem a frete de mercadorias, remetidas ou devolvidas, fiscalização, propaganda, etc. são da responsabilidade da REPRESENTADA.

13. MOSTRUÁRIO

O REPRESENTANTE se responsabiliza para conservação e manutenção do mostruário que lhe é entregue pela REPRESENTADA, recebido com a Nota Fiscal 10.300.

14. RESCISÃO DO CONTRATO

A rescisão sem motivo do presente contrato pela REPRESENTADA, fora dos casos previstos no art. 35 da Lei 4.886/65, dará ao REPRESENTANTE direito ao pré-aviso de trinta dias e à indenização de 1/12 (um doze avos) do total das comissões auferidas durante o tempo em que foi exercida a representação.

15. FALTA DE PRÉ-AVISO

Na falta de pré-aviso, que deverá ser dado por escrito, este se converte em pagamento de importância igual a 1/3 (um terço) das comissões auferidas pelo REPRESENTANTE nos três meses anteriores.

16. DEVER DE INFORMAÇÃO

O REPRESENTANTE fica obrigado a fornecer à REPRESENTADA, quando lhe for solicitado, informações pormenorizadas sobre o andamento dos negócios postos a seu cargo, devendo dedicar-se à REPRESENTAÇÃO de modo a expandir os negócios da REPRESENTADA e promover os seus produtos.

17. FORO COMPETENTE

Por esta cláusula compromissória, as partes deste contrato comprometem-se a submeter eventuais litígios que possam surgir entre elas, em decorrência deste contrato, à resolução por via da arbitragem. O julgamento será processado nos termos da Lei 4.886/65, que regulamenta a profissão de representante comercial; da Lei 9.307/96, que regulamenta a arbitragem; e, subsidiariamente, das normas gerais do Direito contidas no Código Civil. Fica eleita para dirimir litígios entre elas a ARBITRÁGIO – CÂMARA DE MEDIAÇÃO DE ARBITRAGEM EM RELAÇÕES NEGOCIAIS.

_____   _____
Representada   *Representante*

E, por estarem justos e contratados, REPRESENTADA e REPRESENTANTE firmam o presente CONTRATO DE REPRESENTAÇÃO COMERCIAL, em duas vias, uma para cada uma das partes.
São Paulo, 9 de julho de 2009

_____   _____
Representada   Representante

Testemunhas:

_____   _____
Antero de Mello Carvalho   Jarbas de Andrade Gomes
Rua Margarida, 80 – São Paulo   Av. Ibirapuera, 740 – São Paulo
RG.1.845.765   RG. 1.345.867

14.2. Comentários sobre o modelo

A. *O título*

Todo contrato deve ter acima do texto o seu nome, para que se evidencie imediatamente o assunto a tratar. Neste caso, o contrato que estamos examinando chama-se CONTRATO DE REPRESENTAÇÃO COMERCIAL, assim denominado pela lei. É um contrato cujos dados constam da Lei 4.886/65, nos arts. 27 a 38; é, portanto, contrato típico ou nominado. Embora seja descrito na lei e com os direitos e obrigações nela previstos, deve ser elaborado com cuidado e trazer as disposições mais delicadas, inclusive as previstas em lei, cujos artigos mais vinculantes devem ser transcritos no contrato. Para maior segurança, pode-se tomar em conta o modelo apresentado pelo CONFERE – Conselho Nacional dos Representantes Comerciais.

B. *Partes contratantes*

As partes contratantes precisam ser bem qualificadas. A qualificação deve identificar bem as partes, com suas características e dados identificadores, como se vê no presente modelo.

C. *Objetivo das partes*

Neste item, as partes contratantes manifestam o que elas desejam: o objetivo de celebrar o contrato de representação comercial, assumindo os compromissos mais altos, a promessa de cumpri-los, e invocam a legislação que regerá o contrato.

Cláusula 1. *Nomeação do representante*

Este é o objeto do contrato: a sua finalidade; por esta cláusula, a Representada manifesta sua confiança no Representante e lhe delega atribuições: a de difundir seus produtos na área que reservou ao seu encarregado. Ela não é pormenorizada, pois os pormenores do contrato virão nas cláusulas seguintes, mas expõe o objeto mais elevado da vontade das partes.

Ressalte-se que se fala na nomeação como representante exclusivo, embora já exista cláusula de exclusividade. É um tipo de reforço, para que ninguém levante dúvidas.

Cláusula 2. *Objeto da representação*

O objeto da representação começa a especificar mais as funções do Representante, esclarecendo melhor a cláusula anterior. A função mais importante do Representante é promover a distribuição dos produtos da Representada na zona dele, apontando-se desde já a lista dos produtos. Juntando a lista de preços, a Representada aponta não só quais serão os produtos distribuídos, como também algumas normas de venda e o preço deles. É importante a indicação do preço e das normas, pois eles não devem ser alterados se acarretarem prejuízo ao Representante.

Cláusula 3. *Exclusividade de zona*

É uma questão muito discutida, mas, de qualquer jeito, deve constar no contrato; para isso, haverá empenho do Representante, que lutará pela inclusão de cláusula que lhe garanta a exclusividade de ação em sua zona.

Cláusula 4. *Duração do contrato*

Estamos fazendo aqui a indicação de contrato por tempo indeterminado, que é o ideal, tanto para o Representante como para a Representada. Em casos excepcionais, porém, é possível haver contrato a prazo. Esclarecemos a nossa opinião sobre a nomenclatura: é a tempo determinado ou a prazo. Não existe prazo determinado, pois prazo é sempre determinado.

Cláusula 5. *Remuneração do representante*

Não é tão difícil estabelecer a base da remuneração; geralmente, é uma porcentagem sobre o valor das vendas, normalmente de 5%. Entretanto, é possível que seja outra base. É necessário, ou pelo menos conveniente, indicar outras condições do pagamento das comissões, como o prazo de pagamento e outras, ainda que estejam na lei.

Cláusula 6. *Vedação de concessões*
É uma cláusula limitativa dos poderes do Representante; essa limitação já existe na lei e no contrato, mas a cláusula dá ciência ao Representante das obrigações que lhe cabem. Essas limitações constam do art. 29 da lei.

Cláusula 7. *Outorga de mandato*
O mandato é uma autorização da Representada para que o Representante pratique certos atos em nome dela. Na procuração, que é o instrumento do mandato, constam quais são os limites dessa autorização, que o Representante se obriga a respeitar. Está previsto no art. 30.

Cláusula 8. *Atividades extras*
Atividades extras são as situadas fora do contrato, mas, pela conveniência do serviço, se tornam necessárias. Caso elas sejam realizadas, é bom garantir que não prejudiquem os direitos do Representante. É questão prevista no art. 38.

Cláusula 9. *Comissão sobre pedido não atendido*
Embora esta questão esteja descrita na lei, é conveniente reforçá-la, incluindo-a como cláusula.

Cláusula 10. *Isenção de pagamento*
É um caso em que o Representante não faz jus ao recebimento de comissão. Por esta cláusula ele fica ciente dessa disposição legal.

Cláusula 11. *Conta-corrente das comissões*
É uma obrigação assumida nesta cláusula pela Representada, ainda que ela esteja prevista na lei e nos princípios da contabilidade; com esta cláusula, a Representada assume obrigação particularizada.

Cláusula 12. *Custeio das despesas*
É natural essa divisão das despesas, tanto que está na lei. As despesas decorrentes das atividades do Representante cabem a ele, como, por exemplo, se o Representante da Paraíba viaja

para visitar cliente em outra cidade: é trabalho dele, e as despesas do transporte devem ser cobertas por ele. Por outro lado, se a Representada envia mercadoria ao comprador, as despesas do transporte devem ser cobertas por ela.

Cláusula 13. *Mostruário*

Não é questão de grande importância, mas pode ser aproveitada quando houver má vontade na manutenção do contrato. Por exemplo, o mostruário foi encontrado com falta de algum produto, ou está rasurado ou rasgado; a Representada poderá pedir a rescisão do contrato com esta alegação, embora pareça esdrúxula. Esta cláusula mantém o Representante atento a esses cuidados.

Cláusula 14. *Falta de pré-aviso*

É a garantia da indenização devida ao representante, caso haja rescisão unilateral do contrato. Se não houver pré-aviso, haverá indenização.

Cláusula 15. *Dever de informação*

É uma obrigação natural da profissão, tanto que a própria lei a impõe no art. 28.

Cláusula 16. *Foro competente*

É necessário atentar bem a esta cláusula. Demos ampla explicação sobre ela e, no capítulo final deste compêndio, fazemos profundas considerações sobre o problema da resolução de litígios, apontando a fórmula mais ideal para este angustiante impasse nas relações entre empresas e, no presente caso, entre Representante e Representada.

15. CONTRATO DE AGÊNCIA

15.1. Origem legislativa
15.2. Contratos distintos
15.3. Diferenças marcantes
15.4. Análise do conceito
15.5. Legislação pertinente
15.6. Características do contrato de agência
15.7. Exclusividade de zona e representação
15.8. Rescisão do contrato de agência
15.9. Causas da rescisão
15.10. Código Civil: contrato de agência e distribuição

15.1. Origem legislativa

É fato público e notório que o nosso Código Civil de 2002 tomou como modelo o Código Civil italiano, o que, aliás, foi muito louvável. É patente a influência italiana no Direito brasileiro e nos demais países, em vista da excelência de suas disposições e de sua doutrina, de sua tradição e, talvez, pelo fato de Roma estar situada na Itália. Os códigos da França e da Alemanha, países de maior realce jurídico, são por demais antigos e superados; o Código Civil francês é de 1806; o alemão, de 1892, enquanto o congênere italiano é de 1942 e bem modernizado.

Não se sabe por que o Código Civil português não foi escolhido, pois era de 1966, ainda mais moderno do que o italiano, e de alto grau de perfeição, além da vantagem de ser redigido no nosso idioma. Todavia, o modelo escolhido foi o Código italiano. Este código regulamentou vários contratos, que se projetaram nos nossos e, entre eles, o Capítulo X: Del Contrato di Agenzia, nos arts. 1742 a 1753. Estes doze artigos vieram para o nosso, sob os números 710 a 721, regulamentando o contrato com o mesmo nome: contrato de agência.

Entretanto, essa regulamentação já estava no Direito brasileiro, pelo que se vê no texto da Lei 4.886/65. O contrato de representação comercial foi elaborado com base no Código Civil italiano, segundo demonstra a redação de nossa lei.

15.2. Contratos distintos

Alguns juristas nacionais consideram o mesmo contrato os dois estudados, ou seja, o contrato de representação comercial e o de agência. A maioria, porém, está propensa a considerá-los como contratos distintos e, para esta teoria, apontam várias razões. Em primeiro lugar há duas leis, portanto, dois contratos; se houvesse um só contrato, não haveria necessidade de duas leis. Se assim não fosse, o Código Civil teria revogado a Lei 4.886/65, pois deu nova regulamentação a um contrato existente.

Realmente, a Lei 4.886/65 tomou por base o Código Civil italiano, mas não foi uma cópia servil, apenas aproveitou algumas ideias, adicionando novos elementos de nosso Direito e de nosso interesse. Em 1992, a Lei 8.420/92 introduziu sensíveis modificações, provocadas pela nossa experiência na aplicação do contrato de representação comercial. Foi uma contribuição essencialmente brasileira, baseada em nossos problemas, sem qualquer influência estrangeira.

15.3. Diferenças marcantes

Há várias e marcantes diferenças dogmáticas na regulamentação feita pelas duas leis. A Lei 4.886/65 exige o registro do representante comercial autônomo no seu órgão regulador, enquanto o Código Civil não exige registro do agente nem mesmo cria esse órgão. O contrato de agência prevê um subcontrato (ou contrato à parte), chamado de distribuição, o que não acontece com o contrato de representação comercial, que é monolítico.

O art. 1º da Lei 4.886/65 diz que o representante comercial autônomo promove *negócios mercantis*, enquanto o Código Civil diz que o agente promove *certos negócios*. Compreendemos a expressão *mercantis* como referente a *mercadorias*; aliás, nota-se que as duas palavras são cognatas, isto é, nasceram juntas, são irmãs, da mesma família linguística. Por isso, o RCA representa mercadorias e não outros valores, como serviços e outros valores intelectuais. A origem do termo é latina: *merx-mercis* = coisa. E coisa, no Direito romano (*res*), era um objeto concreto, dotado de matéria, critério que se transmitiu ao Direito brasileiro.

Conforme as palavras revelam, mercantil e mercadoria originam-se de mercado. O que será um mercado? Façamos uma visita ao mercado de nossa cidade ou a um supermercado: o que encontraremos lá? Mercadorias. Ninguém vai a um mercado à procura de serviços médicos ou odontológicos, cartões de crédito e outros. Digamos então que o RCA promove a venda de mercadorias, assim denominados os produtos encontrados nos mercados, supermercados, lojas, farmácias, bares, drogarias, mercearias (este termo origina-se de *mercis* = mercadoria).

Por seu turno, o agente promove certos negócios, vale dizer, promove negócios mercantis e não mercantis, como valores não identificados; como a prestação de serviços de qualquer natureza; como os serviços bancários, seguros, investimentos. Não se sabe de algum RCA que represente bancos ou seguradoras. O agente, portanto, pode representar empresas que vendam mercadorias e os demais valores econômicos, como marcas e patentes, serviços médicos e odontológicos, de colocação de carpetes e cortinas, isto é, outros valores "in commercium".

Por estas razões, e por outras que irão se revelar em seguida, chegamos à conclusão de que o RCA é um profissional, o agente é outro; o contrato de representação comercial é um tipo de contrato; o de agência é outro tipo. Assim sendo, o RCA é sempre um empresário; o agente nem sempre, poderá ser um empresário ou um civil. O agente poderá registrar-se na Junta Comercial ou no Cartório de Registro Civil de Pessoas Jurídicas, ou não se registrar em nenhum deles, agindo como cidadão.

15.4. Análise do conceito

Quem nos dá o conceito de agente é o art. 710, como veremos:

Pelo contrato de agência, uma pessoa assume, em caráter não eventual e sem vínculos de dependência, a obrigação de

> *promover, à conta de outra, mediante retribuição, a realização de certos negócios, em zona determinada, caracterizando-se a distribuição quando o agente tiver à sua disposição a coisa a ser negociada.*

Nota-se que a definição dada é bem semelhante à do RCA, afora o que já fora visto. O agente representa empresas de variados ramos da atividade profissional, como indústrias, companhia de investimentos, serviços e outras atividades econômicas. Trabalha mediante retribuição, o que nos leva a crer que a remuneração possa ser na base de comissões, como poderá ser de outro tipo. A retribuição auferida pelo RCA é a *comissão*, conforme está expresso em vários artigos de sua lei.

A Lei 4.886/65 diz que o RCA pode ser *pessoa física ou jurídica*, enquanto o Código Civil fala só *pessoa*, ficando presumido que o agente possa ser pessoa física ou jurídica, embora alguns juristas interpretem a expressão *pessoa* como sendo só pessoa física. Não há vínculo de dependência entre o agente e o proponente, isto é, não há relação de emprego, não podendo, portanto, haver salário nem subordinação de trabalho. Não se aplica ao agente o regime da CLT, e eventuais divergências entre as partes deverão ser resolvidas na Justiça Civil.

O parágrafo único do art. 710 do Código Civil estabelece a mesma disposição do art. 1º da Lei da Representação Comercial: o proponente pode conferir mandato ao agente para a conclusão de contratos em nome do proponente. Trata-se de uma representação: o proponente deve praticar um ato, mas não pode ou não lhe convém outorgar então mandato ao agente, para que este pratique o ato por conta do proponente.

Pelo que vimos até agora, trata-se de um contrato: o contrato de agência. As partes desse contrato chamam-se proponente e agente. Não nos parece muito técnica a denominação de proponente; proponente é quem faz proposta e, neste caso, pode também o agente ser proponente, se ele procurar o fornecedor e lhe fizer proposta de agenciar seus negócios. O termo mais adequado seria preponente, pois este é um termo jurídico. O termo é de origem latina, *preponere* (pré-pôr) = pôr na frente. Etimologicamente, o preponente é a pessoa que coloca outra pessoa na frente de suas atividades para que desempenhe funções sob sua orientação.

A contraparte do preponente é o preposto; este é quem recebe a incumbência do preponente de exercer determinadas funções. Na preposição, há um vínculo mais forte entre o preponente e o preposto; este último age com menos independência e mais sob a direção e autoridade do preponente. Talvez tenha sido este o motivo pelo qual o Código Civil não usou esse termo, por ter havido preocupação do legislador em deixar bem claro a independência do agente e do RCA, conforme se vê em certas expressões, como: *autônomo, sem relação de emprego, sem vínculos de dependência*.

O modelo italiano foi mais singelo e compacto, para evitar maiores discussões. Conservou, porém, o termo *preponente*. Eis o art. 1742 daquele código:

> *Col contratto di agenzia, una parte assume stabilmente l'incarico di promuovere, per conto dell'altra verso retribuizione, la conclusione di contratti in una zona determinata.*

> *Com o contrato de agência, uma parte assume, de forma estável, o encargo de promover, por conta de outra, mediante retribuição, a conclusão de contratos em uma zona determinada.*

15.5. Legislação pertinente

O contrato de agência está regulamentado pelos arts. 710 a 721 do Código Civil, mas também a ele se aplicam subsidiariamente outras normas, como está previsto no art. 721 do Código Civil:

> *Aplicam-se ao contrato de agência e distribuição, no que couber, as regras concernentes ao mandato e à comissão e as constantes de lei especial.*

O contrato de **mandato** está minuciosamente regulamentado no Código Civil pelos arts. 653 a 691 do Código Civil, e o de *comissão,* logo em seguida, nos arts. 722 a 729, que regulamentam o contrato de corretagem.

Entretanto, diz o art. 721 que se aplicam também as normas *constantes de lei especial.* A lei especial que mais se aproxima do tipo contratual examinado é a Lei 4.886/65, do contrato de representação comercial, por ser o contrato com maior analogia ao de agência. Podemos ainda citar a Lei 6.729/79, que regulamenta o contrato de concessão comercial. Há muitos pontos de referência entre todos esses contratos, classificados como *contratos de colaboração.* Por isso, as normas que os regulamentam apresentam também certa analogia. Vamos relacionar esses contratos: representação comercial, agência, distribuição, mandato, comissão, concessão comercial.

Podemos considerar também aplicáveis ao contrato de agência os arts. 742 a 753 do Código Civil italiano, e não há empecilhos para se aplicar o Direito estrangeiro no Brasil, desde que observadas certas disposições da Lei de Introdução ao Código Civil. É a origem de toda essa legislação.

15.6. Características do contrato de agência

São as mesmas do contrato de representação comercial, ressaltando-se que se trata de um contrato de colaboração, como mandato, comissão, concessão comercial. Essas características foram descritas no item 4.2. do capítulo 4.

15.7. Exclusividade de zona e representação

Normalmente, o agente goza de exclusividade em sua zona, a menos que haja acordo entre as duas partes. Da mesma forma, o agente pode promover negócios do mesmo gênero para outros proponentes. A exclusividade é, portanto, presumida, na ausência de cláusula que a garanta. No contrato de representação comercial, a exclusividade não se presume, deve constar no contrato. Assim ficou estabelecido no art. 711 do Código Civil:

> *Salvo ajuste, o proponente não pode constituir, ao mesmo tempo, mais de um agente, na mesma zona, com idêntica incumbência; nem pode o agente assumir o encargo de nela tratar de negócios do mesmo gênero, à conta de outros proponentes.*

Fica claro que o agente não poderá negociar produtos do mesmo gênero, ou seja, concorrentes. Poderá, entretanto, representar produtos que não impliquem concorrência, como, por exemplo, tecidos e produtos alimentícios.

O art. 714, por sua vez, revela disposição que sugere conclusões: diz que *salvo ajuste, o agente ou distribuidor terá direito à remuneração correspondente aos negócios concluídos em sua zona.* Este direito sugere a exclusividade. Por outro lado, a Lei 4.886/65, no art. 31, tem ideia semelhante quando diz:

> *Prevendo o contrato de representação a exclusividade de zona ou zonas, ou quando for omisso, fará jus o representante à comissão pelos negócios aí realizados, ainda que diretamente pelo representado ou por intermédio de terceiros.*

Está criada uma situação confusa: o contrato é omisso, isto é, nada diz a respeito da exclusividade; por sua vez, a exclusividade não se presume, tem que ser expressa em cláusula contratual. Então, como é que fica a questão? Interpretamos que, ainda que não haja exclusividade, a comissão do representante fica garantida. Há uma lógica nisto: se não há exclusividade, o representado pode vender livremente na zona do representante e por intermédio de terceiros, e não estará praticando qualquer lesão ao contrato; o representante não poderá, por isto, romper o contrato nem exigir indenização. Porém, o representado terá de pagar a comissão ao representante.

15.8. Rescisão do contrato de agência

É possível que o proponente, por razões diversas e inerentes à sua situação, veja-se na impossibilidade ou inconveniência de manter o contrato de agência. Não há, por conseguinte, justa causa, por não ter o agente culpa do motivo. Por isso, o proponente suspende ou diminui de tal maneira o fornecimento que se torna antieconômica a manutenção do contrato. Neste caso, o agente terá direito à indenização a ser calculada conforme a situação dos negócios. A lei não fixa o valor da indenização. Ou então o proponente demora no atendimento, ou até deixa de atender aos pedidos encaminhados pelo representante. Essas medidas antipáticas causam constrangimento e aborrecimento à outra parte, a ponto de fazer com que o prejudicado abra mão de parte de seus direitos.

Esse estado perigoso é comum no relacionamento trabalhista, mormente quando havia funcionários estáveis. O empregador queria se livrar do empregado e o marginalizava no ambiente de trabalho, não lhe concedia aumentos, transferia-o de cargos, controlava seu horário. Assim fazendo, criava no empregado espírito desconfortável e aborrecido, levando-o a abrir mão de seus direitos para sair daquele estado vexatório.

O agente também terá direito à indenização quando o negócio deixar de se realizado por fato imputável ao proponente, haja ou não rescisão do contrato. Por outro lado, se o agente for dispensado **por justa causa**, não terá direito à indenização, mas deverá ser remunerado pelos serviços úteis prestados ao proponente, sem embargo de haver este perdas e danos pelos prejuízos sofridos.

Porém, se a dispensa se der **sem culpa do agente**, ele terá direito à remuneração devida até aquele momento, inclusive sobre os negócios pendentes, além das indenizações previstas em lei especial. Que lei especial poderia ser aplicada neste caso? Antes de todas, deve ser a Lei 4.886/65.

Se o agente não puder continuar o trabalho por motivo de força maior, terá direito à remuneração correspondente aos serviços realizados, cabendo este direito aos herdeiros, no caso de morte do agente.

Se o contrato for por tempo indeterminado, qualquer das partes poderá resolvê-lo mediante aviso-prévio de 90 dias, desde que transcorrido prazo compatível com a natureza e o vulto do investimento do agente.

Como o Código Civil não prevê o valor da indenização no caso de rescisão e fala em indenização prevista em lei especial, podemos considerar o art. 34 da Lei 4.886/65. A indenização deve ser calculada sobre a retribuição percebida pelo agente. Se houver rescisão sem justa causa e não for dado pré-aviso, a indenização deverá equivaler a 1/3 das comissões auferidas nos três meses anteriores.

Aplica-se também o critério do aviso-prévio caso o agente ou o proponente desejar denunciar o contrato imotivadamente, ou seja, sem justa causa, desde que o contrato seja sem prazo, isto é, por tempo indeterminado. Se houver causa justa, nem precisa aviso-prévio, mas apenas a comunicação da denúncia. Se o contrato for a prazo, também não há necessidade de aviso-prévio, pois ninguém é pego de surpresa, uma vez que as partes já sabem quando o contrato terá fim.

Não havendo justa causa, haverá necessidade de aviso-prévio de 90 dias, desde que transcorrido prazo compatível com a natureza e o vulto do investimento exigido pelo agente. O Código Civil fala, porém, em *prazo compatível*; mas não estabelece os parâmetros para esse prazo. Nessas condições, ele deverá ser previsto no contrato ou acertado entre as partes, para não ser submetido à apreciação da Justiça ou resolvido pela arbitragem.

Este critério, ao que parece, só se aplica ao agente; ele investe de diversas maneiras: propaganda, instalações, contatos e outros, e precisará de tempo para dar outra destinação a esses investimentos. Por exemplo: para possibilitar suas atividades, o agente alugou um imóvel, mantendo instalações apropriadas, como um *showroom* dos produtos do proponente. Rompendo o contrato, o agente é pego de surpresa e precisará de tempo para decidir sobre o destino desse imóvel.

Importa dizer que esse direito e essa responsabilidade são recíprocos: se o agente quiser denunciar o contrato, terá de dar o aviso-prévio de 90 dias pelos mesmos motivos. Não achamos equitativa essa reciprocidade, pois o proponente não faz investimentos compatíveis com os que são realizados pelo agente.

15.9. Causas da rescisão

É interessante notar que o Código Civil não faz alusão direta às causas motivadoras da rescisão por justa causa. Qual caminho deve ser seguido neste caso? Uma interpretação é a de que não há justa causa, e a denúncia, em consequência, é só sem justa causa. Ou então que, na omissão do Código Civil, devem ser aplicadas outras normas, como as do mandato e da comissão ou de lei especial. A lei especial será então a Lei 4.886/65, que dispõe sobre o contrato de representação comercial, devido à analogia. E há muita analogia, tanto que alguns juristas consideram o contrato de agência o próprio contrato de representação comercial. Existe, ainda, a tradição: a elaboração da Lei 4.886/65 tomou por base o Código Civil italiano.

Consideraremos então como motivos de pedido de rescisão do contrato de agência, por justa causa, os constantes no art. 35 da Lei 4.886/65 para o proponente, e no art. 36 para o agente. Todavia, por via indireta, alguns artigos do Código Civil apontam indiretamente algumas causas que coincidem com a Lei 4.886/65. Vamos citar algumas.

Diz o art. 711 que o proponente não pode constituir, ao mesmo tempo, mais de um agente na mesma zona, com idêntica incumbência. Se o proponente desobedece a esse compromisso, estará dando azo ao agente para denunciar o contrato. Do mesmo modo, não pode o agente assumir o encargo de nela tratar de negócios do mesmo gênero, à conta de outros proponentes. Se ele transgredir esta regra, estará quebrando a exclusividade e dando motivo ao proponente para pedir a rescisão do contrato.

Citemos mais um aspecto: O art. 712 do Código Civil impõe ao agente o dever de atuar com diligência na execução do contrato.

Se o agente proceder com desídia no desempenho de suas funções, estará descumprindo o contrato e, portanto, cometendo falta grave e dando ao proponente motivo para invocar o disposto no art. 35, alínea *a* da Lei 4.886/65, pela analogia, pedindo a rescisão do contrato.

Os casos de força maior, previstos na Lei 4.886/65 para motivar a resolução do contrato, são praticamente aceitos para o contrato de agência no art. 719, quando diz que o agente terá direito à remuneração até o momento em que ocorrer a força maior. Além disso, o art. 393 do Código Civil isenta o devedor de cumprir obrigação, se for impedido por caso de força maior. Eis o que diz o art. 393:

> *O devedor não responde pelos prejuízos resultantes de caso fortuito ou força maior, se expressamente não houver por eles se responsabilizado.*
>
> *Parágrafo único. O caso fortuito ou de força maior verifica-se no fato necessário, cujos efeitos não era possível evitar ou impedir.*

Essa proteção ao paciente de uma obrigação é recíproca: atinge o agente tanto quanto o proponente.

15.10. Código Civil: contrato de agência e distribuição

Art. 710. Pelo contrato de agência, uma pessoa assume, em caráter não eventual e sem vínculos de dependência, a obrigação de promover, à conta de outra, mediante retribuição, a realização de certos negócios, em zona determinada, caracterizando-se a distribuição quando o agente tiver à sua disposição a coisa a ser negociada.

Parágrafo único. O proponente pode conferir poderes ao agente para que este o represente na conclusão dos contratos.

Art. 711. Salvo ajuste, o proponente não pode constituir, ao mesmo tempo, mais de um agente, na mesma zona, com idêntica incumbência; nem pode o agente assumir o encargo de nela tratar de negócios do mesmo gênero, à conta de outros proponentes.

Art. 712. O agente, no desempenho que lhe foi cometido, deve agir com toda diligência, atendo-se às instruções recebidas do proponente.

Art. 713. Salvo estipulação diversa, todas as despesas com a agência ou distribuição correm a cargo do agente ou distribuidor.

Art. 714. Salvo ajuste, o agente ou distribuidor terá direito à remuneração correspondente aos negócios concluídos dentro de sua zona, ainda que sem a sua interferência.

Art. 715. O agente ou distribuidor tem direito à indenização se o proponente, sem justa causa, cessar o atendimento das propostas ou reduzi-lo tanto que se torna antieconômica a continuação do contrato.

Art. 716. A remuneração será devida ao agente também quando o negócio deixar de ser realizado por fato imputável ao proponente.

Art. 717. Ainda que dispensado por justa causa, terá o agente direito a ser remunerado pelos serviços úteis prestados ao proponente, sem embargo de haver este perdas e danos pelos prejuízos sofridos.

Art. 718. Se a dispensa se der sem culpa do agente, terá ele direito à remuneração até então devida, inclusive sobre os negócios pendentes, além das indenizações previstas em lei especial.

Art. 719. Se o agente não puder continuar o trabalho por motivo de força maior, terá direito à remuneração correspondente aos serviços realizados, cabendo este direito aos herdeiros, no caso de morte.

Art. 720. Se o contrato for por tempo indeterminado, qualquer das partes poderá resolvê-lo, mediante aviso-prévio de 90 dias, desde que transcorrido prazo compatível com a natureza e o vulto do investimento exigido do agente.

Parágrafo único. No caso de divergência entre as partes, o juiz decidirá da razoabilidade do prazo e do valor devido.

Art. 721. Aplicam-se ao contrato de agência e distribuição, no que couber, as regras concernentes ao mandato e à comissão e as constantes de lei especial.

16. CONTRATO DE DISTRIBUIÇÃO

16.1. Diferenças entre agência e distribuição
16.2. Partes do contrato
16.3. Aplicação do contrato de distribuição

16.1. Diferenças entre agência e distribuição

Chegamos ao ponto mais polêmico do contrato de agência, ante a situação flutuante, vaga e de várias interpretações que o Código Civil nos reservou. O contrato de distribuição fica previsto logo no art. 710, que abre a regulamentação desses contratos. Assim diz:

Caracterizando-se a distribuição quando o agente tiver à sua disposição a coisa a ser negociada.

Muitas dúvidas provoca este tema, as quais vamos resumir em alguns tópicos:
- Existe contrato de distribuição ou é apenas uma faceta do contrato de agência?
- Que diferença pode haver entre os dois contratos?
- O contrato de distribuição se aplica também ao contrato de representação comercial?
- Como se chamam as partes desse contrato?

Essas dúvidas são reforçadas pelo fato de não haver uma regulamentação especial para o contrato de distribuição, sendo ele submetido às mesmas normas do contrato de agência, vale dizer, os arts. 710 a 721 do Código Civil aplicam-se simultaneamente aos dois contratos. Vamos imaginar a aplicação dos dois contratos:

Contrato de agência

O agente apanha os pedidos feitos pelo comprador e os encaminha à empresa proponente, que será então o fornecedor. A empresa proponente, ou seja, o vendedor, fatura a venda ao comprador e lhe envia a mercadoria comprada. Esta mercadoria estava estocada no armazém da empresa vendedora, isto é, do proponente.

Contrato de distribuição

O agente apanha os pedidos do comprador e lhe entrega a mercadoria que está estocada no armazém do agente. Assim sendo, a mercadoria é fornecida pelo agente, em nome do proponente. Embora a mercadoria seja fornecida pelo agente, este comunica o proponente para fazer o faturamento. Entretanto, duas situações podem se oferecer:

1. O agente fornece a mercadoria de seu estoque, mas a venda é realizada pelo proponente.
2. O agente fornece a mercadoria e ele próprio faz o faturamento.

O que vemos, porém, nestes casos, é o traço marcante dos contratos: primeiro, que é contrato de agência se a mercadoria não está à disposição do agente, mas do proponente, que a mantém em seu estoque. Será, porém, contrato de distribuição se o agente tem a mercadoria consigo, à sua disposição, isto é, está no seu estoque.

16.2. Partes do contrato

Há outro aspecto importante a ressaltar. A lei fala, nos arts. 714, 715 e 716, em agente e distribuidor. Dá assim o nome de distribuidor a parte do contrato e de agente à outra parte. Todavia, a lei dá o nome de distribuidor a uma das partes do contrato de distribuição e não à outra parte. Na omissão da lei, daremos o nome de distribuído, que nos parece mais lógico. Eis o que diz o art. 713:

> *Salvo estipulação diversa, todas as despesas com a agência ou distribuição correm a cargo do agente ou distribuidor.*

Vemos então que, pelos termos da lei, existem dois contratos: um de agência e outro de distribuição. As partes do contrato têm nomes diferentes: o contrato de agência é celebrado entre agente e proponente; o contrato de distribuição é entre distribuidor e distribuído. Por esses dois fatores, devemos concluir pela distinção dos dois contratos.

Fazemos pequeno reparo quanto à clareza do art. 713, no tocante a *todas as despesas*. Neste caso, deve ser aplicado aos dois contratos o que dispõe a Lei 4.886/65: as despesas do faturamento e de frete devem ser cobertas pelo proponente: é ele quem fatura e contrata o transporte da mercadoria; portanto, é responsabilidade dele. Talvez o art. 713 não considere o frete e o faturamento como *despesas com a agência ou distribuição*.

Um argumento em contrário, embora débil, vai aparecer no art. 721, quando fala no *contrato de agência e distribuição*. A interpretação gramatical deste termo dá a entender que seja um só contrato. Se o Código Civil considera dois contratos distintos, deveria estar escrito *contratos de agência e de distribuição*. Esse fator não anima alguém a afirmar que deve superar os argumentos contrários.

16.3. Aplicação do contrato de distribuição

Examinaremos outra situação, pois a devida interpretação da lei e sua aplicação só podem ser compreendidas se analisadas em situações fáticas. No caso de contrato de distribuição, o distribuidor tem a mercadoria à sua disposição, ou seja, ela está armazenada em seu depósito. Neste caso, há um contrato paralelo entre o agente e o distribuidor: se está armazenada em seu depósito, haverá então o *contrato de depósito*, em que o proponente é o *depositante* e o distribuidor o *depositário*. E ele fornece a mercadoria ao comprador e não está agindo em nome próprio, mas pratica ato em nome do proponente, ou seja, a empresa fornecedora. Se a mercadoria sai do depósito do distribuidor e é transferida para o do comprador, há um contrato de venda entre o distribuidor e o comprador.

Além do contrato de depósito, a distribuição revela outro contrato acessório: o de mandato. Se o distribuidor transfere a mercadoria que se encontra em seu estoque ao comprador, praticamente realizou a venda da mercadoria. Não vendeu, porém, em seu nome, mas em nome do proponente, agindo, pois, como mandatário dele. Há obrigatoriamente contrato de mandato, porquanto o mandatário transfere ao comprador a mercadoria em nome do mandante, que é o dono dela.

Vamos examinar outro caso prático: o distribuidor vende a mercadoria em seu nome e a fatura ao comprador. E ele saca a duplicata e recebe o seu valor. Assume o risco da operação; se o comprador não pagar a compra, o prejuízo é dele. Qual será, neste caso, a situação fática do distribuidor? Ele deixa de ser um distribuidor? Qual será o lucro dele: é uma comissão ou um lucro de venda?

O que ocorre nesse tipo de operação é que o proponente vende a mercadoria ao distribuidor, que a paga e torna-se o dono dela. Não deixa ele de ser um distribuidor exclusivo do fornecedor da mercadoria, mas sua retribuição, desta vez, não é comissão, mas lucro decorrente da venda da mercadoria.

Há então outra faceta no tipo de distribuição retrodescrito. A mercadoria é vendida pelo distribuído ao distribuidor e este a vende ao comprador, saindo a mercadoria da esfera da propriedade do distribuidor, passando para a do comprador; não há participação do proponente nesta operação. O que vemos de diferente é o tipo de remuneração; não se trata de comissão; o lucro do distribuidor é a diferença de preço entre a compra que ele faz do distribuído e o preço da venda ao comprador. Deu-se uma revenda.

Há mais outra versão, graças à inclusão da cláusula *del credere*. Essa cláusula é proibida no contrato de representação comercial, mas não no de agência nem no de distribuição. Vamos explicar novamente o uso da cláusula *del credere*: por ela, o distribuidor assume o risco da operação, responsabilizando-se pela solvência do comprador. Naturalmente, o distribuidor ganhará uma remuneração extra pelo risco assumido.

17. DOS CONTRATOS DE COLABORAÇÃO

17.1. Áreas primordiais da empresa industrial
17.2. Separação das áreas
17.3. O dinamismo empresarial
17.4. A entrada do intermediário
17.5. Características dos contratos de colaboração
17.6. A mão invisível
17.7. A lição de Balzac e Dickens
17.8. Matizes especiais dos contratos de colaboração

17.1. Áreas primordiais da empresa industrial

Quem examinar a estrutura das grandes empresas irá notar que ela constitui um complexo de órgãos integrados, cada um funcionando em conexão com os outros. Esses órgãos são chamados de departamentos, seções ou divisões, cada um deles cumprindo determinado papel. Começa com o Departamento de Produção, que manufatura os produtos, para a venda ao mercado consumidor; termina com o Departamento de Vendas, que provoca a saída dos produtos para fora da empresa. Há departamentos intermediários que viabilizam o bom funcionamento desses departamentos, o inicial e o final; o Departamento de Recursos Humanos, por exemplo, providencia a formação e a manutenção da mão de obra necessária para que os departamentos funcionem. O Departamento Financeiro custeia as operações de produção e de vendas. Desta forma, agem também outros departamentos.

Dois departamentos se realçam, não só por serem o início e o fim do ciclo produtivo, mas pelo papel estratégico. O Departamento de Vendas coloca os produtos nas mãos do consumidor; se ele falha, engarrafa o Departamento de Produção; se este falha, provoca pane das vendas. Por esta razão, sempre se preocuparam as empresas com o funcionamento dele, dividindo igualmente sua atenção para um e para outro. Essa divisão do interesse empresarial tem sido fonte de atritos, de divergências e de discussões pouco positivas.

Nos últimos 40 anos, as empresas começaram a sentir que as duas atividades deveriam ser separadas, devido a vários motivos. O perfil do profissional de vendas é bem diferente do perfil do profissional da produção: cada um tem uma formação diferente, mentalidade própria e objetivos díspares. Cada profissional se concentrava devidamente no seu setor, desaviando-se às vezes com o outro. Nos debates dos mais altos problemas empresariais, não havia frequentemente consenso, em vista de cada um ter uma mentalidade diferente.

17.2. Separação das áreas

Iniciou-se, então, longo processo de separação e se evidenciou nova ciência empresarial, que se colocasse acima das vendas e da produção e fizesse com que setores diferenciados pertencessem ao mesmo processo. Essa ciência surgiu na França com o nome de mercadologia, e nos EUA, de *marketing*. Preferimos a primeira designação, por estar inserida em nosso idioma. A mercadologia não é apenas a ciência das vendas, mas de todos os fatores condicionados à venda. Essa ciência ocupa-se primeiro em saber as necessidades do mercado, que produtos estão sendo procurados pelos consumidores. Apela, depois, à produção, para que esta trabalhe para atender aos anseios do mercado consumidor.

Há mais de vinte anos, a atividade empresarial estabeleceu, de forma ampla e definitiva, a distinção entre produção e vendas, e por empresas diferentes: uma empresa fabrica, e outra vende os produtos da primeira. E o resultado foi a criação do representante comercial autônomo, que já se fazia presente há muitos anos, antes de ser regulamentado pela Lei 4.886, de 1965. Estava assim selada a primeira forma de divisão de tarefas. Uma empresa assume a tarefa da produção, e outra, a de levar essa produção às mãos dos consumidores.

Daí por diante a vida empresarial evoluiu, aperfeiçoou-se e adquiriu complexidade cada vez maior. Vender tornou-se tarefa hercúlea, porque a concorrência a estimula. Outro problema surgiu agora: como vender, ou seja, escolher o sistema mais eficiente de venda. Urgia encontrar fórmulas para suplantar a concorrência, baratear custos e aumentar a eficiência. Dessa luta, surgiram os diversos contratos de venda, que foram chamados contratos de colaboração, por ser um tipo de parceria, em que cada parceiro cumpre um papel na parceria, em benefício comum, baseada no princípio de que uma mão lava a outra.

17.3. O dinamismo empresarial

As atividades empresariais, antes chamadas *comércio*, na antiga Grécia tinham um Deus particular, chamado Zeus. Os antigos romanos também tinham esse Deus, a quem deram o nome de Mercúrio. Havia uma peculiaridade entre eles: ambos tinham asas nos pés. Tornaram-se, destarte, o símbolo do dinamismo, da velocidade. E o *comércio*, que chamamos de *atividades empresariais*, recebe esse dom de Zeus e de Mercúrio: a rapidez, o dinamismo. As atividades empresariais caracterizam-se pela velocidade, e este dom hoje se intensifica nas relações mercantis, mais do que em outros campos da atividade humana. Alargaram-se as fórmulas de colaboração empresarial, tudo nessa colaboração prima pela rapidez. O dinamismo leva à formulação de mecanismos de aproximação entre o produtor e o consumidor, assim entendidos o vendedor e o comprador.

Sabe-se que no contrato de compra e venda há sempre duas partes obrigatórias, essenciais: o vendedor e o comprador. Nas primitivas operações mercantis, o produtor procurava o consumidor, para levar às mãos deste os produtos de sua fabricação. Por muitos séculos, assim funcionou o processo de venda, com a aproximação direta entre vendedor e comprador. O dinamismo dessa operação fez criar outra figura jurídica: a do intermediário.

17.4. A entrada do intermediário

O intermediário é um terceiro que entra no meio dessa relação, tornando-se então a venda uma relação tripartite:

vendedor-intermediário-comprador. A participação desse terceiro fez aumentar o preço da mercadoria, porquanto em cima dela será calculado o lucro do intermediário. Por essa razão, surgiu algum descontentamento entre as outras partes, mormente do consumidor. O descontentamento aumentou quando surgiram outros intermediários.

A análise serena revela que os intermediários surgem naturalmente, em decorrência do dinamismo da venda. Eles não provocaram seu aparecimento, mas se tornaram necessários. A venda de mercadorias provoca uma cadeia de colaboração entre os vários participantes, para o mais rápido e eficiente escoamento da produção; a venda pronta e eficiente se impõe se o produtor, como o fabricante de produtos, estende suas perspectivas para um mercado amplo e globalizado, quando há produção em massa e venda de infantaria. A estas alturas torna-se imprescindível a inserção de terceiros na relação: são os chamados intermediários, que assumem agora diversos matizes e provocam o surgimento de novos contratos.

Desde já, vamos indicar esses contratos: **representação comercial, agência, distribuição, comissão, mandato, concessão mercantil,** *trading*. Alguns indicam ainda o contrato de franquia (*franchising*) e o de corretagem, mas estes têm características próprias, de tal forma que não se enquadram totalmente no grupo que estamos estudando. Os contratos de colaboração são firmados entre o produtor e o intermediário, enquanto o de compra e de venda é celebrado entre o produtor e o comprador. É o que ocorre normalmente.

17.5. Características dos contratos de colaboração

1. A principal característica desses contratos é o seu objeto: levar as mercadorias produzidas pelo fornecedor até o consumidor final, de forma econômica, rápida e satisfatória. São contratos de venda, destinados a desovar os estoques das empresas produtoras, carreando-os ao consumo popular: visam à circulação de mercadorias. Representam

um conjunto de ações referentes ao escoamento dos estoques de mercadorias.
2. Se os contratos de colaboração se referem a mercadorias, são forçosamente **mercantis,** no sentido etimológico das palavras, pois mercantil e mercadoria são palavras cognatas, da mesma raiz. Não é apenas por este motivo, mas as duas partes desses contratos são empresas, sendo, portanto, contratos interempresariais. Mercantil é sinônimo de empresarial. Já tivemos oportunidade de falar que o representado ou proponente é sempre uma empresa, e o representante ou distribuidor é também uma empresa, ainda que individual, ou ainda que não esteja registrado na Junta Comercial; neste último caso, é equiparado a uma empresa.
3. São contratos celebrados entre o produtor e o intermediário. O comprador, ou consumidor, entra depois na transação. Há destarte intermediação ou aproximação de um terceiro para a concretização da venda, razão pela qual se chama intermediário o segundo contratante, que é o colaborador do primeiro.
4. Os contratos de colaboração visam a garantir o suprimento de mercadorias ao mercado consumidor, formando e ampliando esses mercados, que são criados pelo colaborador.

17.6. A mão invisível

Há uns trinta anos surgiram notícias do enorme valor nutritivo de uma fruta originária da região amazônica, chamada de açaí. Os curiosos interessados procuraram as quitandas próximas, pedindo por esta fruta. O quitandeiro pediu o fornecimento dela ao seu fornecedor de frutas; este a procurou entre os atacadistas, que também desconheciam; um deles conseguiu contatar um intermediário da região amazônica; este entrou em contato com um agricultor que a produzia. Estava descoberta a origem da fruta.

Começou o processo inverso. O produtor, isto é, o agricultor, planta e colhe o açaí e o fornece a um intermediário, e este, a um atacadista de produtos agrícolas; o atacadista avisa seu representante comercial autônomo em São Paulo para ter seu estoque de açaí; o representante procura o CEASA e coloca a fruta em oferta; o quitandeiro a adquire e vende ao consumidor final. O público consumidor encontra então a ambicionada fruta nas quitandas. Nenhuma lei regulamentou este ciclo de operações, nada foi programado. Que força teria provocado toda essa movimentação?

Todo esse complexo de ações concatenadas naturalmente, sem programação, na base de um falando com outro, criou o mercado consumidor do açaí, estimulando a produção em massa, a propaganda da fruta, a montagem de uma rede de distribuição, intensa movimentação de transportes. Cada ação foi provocando uma reação.

Como se poderia explicar esse desenrolar de medidas que vieram a satisfazer as necessidades de milhões de consumidores, criando o mercado de consumo de uma fruta, impulsionando sua produção? É porque há essa mão invisível, que cutuca alguém, despertando o interesse e a ação de todos os envolvidos, como se fosse de forma instintiva. Nada foi programado e tudo se formou de maneira natural. E, com o aumento de volume das transações e do consumo intenso, foram surgindo os intermediários e se formando os diversos contratos de colaboração. E o início de todo esse complexo foi um humilde consumidor que foi procurar o açaí e não o encontrou.

Voltamos a enumerar esses contratos de colaboração, que vão surgindo naturalmente no decorrer do processo de produção e venda de mercadorias: **representação comercial, agenda, distribuição, mandato mercantil, comissão mercantil, concessão mercantil,** *trading*. Compreender convenientemente cada um deles exige que se estabeleça comparação entre eles, partindo do principal, que será o contrato de representação comercial.

Vejamos o que aconteceu pela década de 1920. Pequenas indústrias começaram a se instalar em São Paulo, graças principalmente à iniciativa de imigrantes italianos, de tecelagem, confecções, pequenos aparelhos domésticos, armarinhos, cerâmicas, brinquedos. As vendas eram diretas, com as pequenas empresas procurando seus clientes ou vice-versa. Contudo, a 200 ou 300 quilômetros de São Paulo, muitas cidades e povoações desejavam esses produtos, e as empresas produtoras não tinham forças para procurá-los, nem eles de virem às fontes de produção. Foi quando a *mão invisível* fez surgir outra figura colaboradora do processo mercantil, que ficou conhecida como *caixeiro-viajante*, baseada na designação similar francesa *commis voyageur*. Alguns se deram também o nome de *mascate*. Era o elo que aproximava o produtor e o consumidor.

Avolumou-se a imigração de sírios e libaneses, povos de enorme energia física e dispostos a vencer obstáculos. Esses povos árabes pareciam talhados para essa dura tarefa, e eles dominaram as operações, fazendo surgir a figura do *turco mascate*. Iam eles às mais distantes regiões, geralmente a cavalo; às vezes, levando mercadorias em charretes e carroças. A *mão invisível* foi quem criou essa figura de intermediário, embrião dos atores dos contratos de colaboração empresarial. Quanto deve a industrialização de São Paulo a esses heroicos aproximadores das duas partes do processo de venda! Os mascates de ontem foram transformados nos representantes comerciais, mandatários mercantis, comissários concessionários mercantis de hoje.

17.7. A lição de Balzac e Dickens

Muitos ouviram falar de Balzac e Dickens, dois extraordinários romancistas, o primeiro, francês e o segundo, inglês. Ambos escreveram um romance com o mesmo nome, na década de 1840, denominado *Commis Voyageur*. Pelo que parece, esse nome era adotado também no idioma inglês. Balzac criou em suas obras de ficção personagens com atributos radicalizados; por exemplo, no romance *Eugénie Grandet* criou a figura de Eugéne Grandet, um velho extremamente avarento, dominado pelos sentimentos de segurança, estabilidade financeira, prudência e economia acentuados. Em outro romance, Père Goriot era um homem dominado pelo amor paterno; César Birotteau era o extremo da ambição. Sua obra-prima, *A Mulher de Trinta Anos*, exalta o valor da mulher que passa dos trinta anos, enaltece o que ela amealhou de ensinamentos de sua formação, mormente para o amor; sua obra alarga a faixa de tempo da força ativa da mulher. Foi a exaltação da mulher balzaquiana.

Infelizmente, o *Commis Voyageur* de Balzac como também o de Dickens foram os menos expressivos de seus romances, mas eles atribuem ao caixeiro-viajante alta dose de valor e atributos louváveis. Balzac descreve seu personagem como um homem dotado de coragem, de apego ao trabalho, de amor às vendas, de energia aplicada à sua profissão, de orgulho pelo que faz, pelo papel que lhe cabe na sociedade e na economia. A virtude extremada do caixeiro-viajante é o amor ao trabalho elevado à máxima potência. Impressionante é o realismo com que essa figura está descrita, embora seja obra de ficção; entretanto, os relatos são a expressão do que é hoje o trabalho e a figura do vendedor autônomo. Lendo esse romance, ligamos a luta do caixeiro-viajante há 170 anos à luta do moderno representante comercial autônomo; é impressionante a semelhança. É um personagem em constante luta para satisfazer sua clientela, para ampliá-la, para divulgar os produtos e o nome de seu representado.

Todavia, sente-se que o caixeiro-viajante trabalha para viver e não vive para trabalhar. Durante toda a semana, ele galopa em seu cavalo pelas estradas, cria seus meios de transporte, atinge seus objetivos; no final da semana, ei-lo de volta a Paris para cuidar de sua agitada vida pessoal e rever seus amigos. É um homem realizado e seguro, dedicando amor à sua família e aos contatos sociais, para sair da cidade na madrugada de segunda-feira e amassar o barro da estrada. Há uma interação em sua vida: seus interesses particulares são a motivação de sua luta profissional. O amor pela vida é a razão do amor pelas vendas, causa do sucesso do caixeiro-viajante, enfrentando tantas dificuldades, superando-se sempre e não se deixando vencer pelas derrotas.

17.8. Matizes especiais dos contratos de colaboração

Os contratos de colaboração apresentam características muito viáveis, consequência do já falado dinamismo das operações de venda que, às vezes, se acentua tanto que parece um novo tipo. Entre essas variações, podemos citar uma, decorrente do tipo de colaboração prestada pelo intermediário, como sendo de intermediação ou de aproximação. Há, pois, duas variantes:

Colaboração por intermediação

O colaborador compra a mercadoria e a revende. É o que acontece com o contrato de concessão mercantil (que estudaremos em seguida) e, eventualmente, com o de distribuição. É uma operação de revenda, um serviço de intermediação.

Neste tipo de operação, o rendimento do colaborador (o intermediário) é a diferença entre o preço de compra, que ele faz do produtor, e o preço da venda ao consumidor. Vamos exemplificar:

Gaio Ltda. compra mercadorias de Paulo Ltda. pelo preço de R$ 20.000,00; depois as revende para Ulpiano, pelo preço de R$ 30.000,00. A diferença de R$ 10.000,00 é o lucro de Gaio Ltda. Quem paga essa diferença é o consumidor. O colaborador assume o risco da solvabilidade de seu comprador.

Colaboração por aproximação

Não há venda de mercadorias do produtor para o intermediário. O colaborador procura os possíveis compradores, convence-os a comprar e recebe deles o pedido de mercadorias e o encaminha ao produtor, para que este forneça as mercadorias ao comprador. É o que acontece com o representante comercial autônomo, conforme temos visto. E também com os contratos de **concessão mercantil, mandato mercantil, comissão mercantil, agência, distribuição,** *trading***.**

Na colaboração por aproximação, como é o caso do representante comercial autônomo, o colaborador não tem lucro; ele recebe uma comissão calculada sobre o valor das vendas que angariou. Quem paga essa comissão é o produtor. O colaborador não assume o risco do negócio: a solvabilidade do comprador é risco assumido pelo produtor.

18. CONTRATO DE CONCESSÃO MERCANTIL

18.1. Características gerais do contrato
18.2. A mercadoria vendida
18.3. A assistência técnica
18.4. Direitos do concessionário
18.5. Deveres do concessionário
18.6. Deveres e direitos do concedente
18.7. Prazo do contrato
18.8. A resolução do contrato
18.9. Foro competente
18.10. Venda direta pela concedente
18.11. Quota de venda
18.12. Índice de fidelidade
18.13. Estoque obrigatório
18.14. As convenções da marca
18.15. Legislação pertinente
18.16. Texto da Lei 6.729/79

18.1. Características gerais do contrato

No capítulo anterior, fizemos estudo sobre os contratos de colaboração, dividindo-os entre os de colaboração por intermediação e os de colaboração por aproximação. Foram apontados como contratos de colaboração por intermediação os de *distribuição* e os de *concessão mercantil*. Fizemos já o estudo sobre o contrato de distribuição e examinaremos agora o contrato de *concessão mercantil*. Este contrato está regulamentado pela Lei 6.729/79, com o nome de *concessão comercial*. Entretanto, como já foi explicado, o termo *comercial* está condenado no moderno Direito, mormente após o advento do novo Código Civil, que o eliminou de seu texto. Por esta razão, estamos chamando este contrato de *concessão mercantil*, apesar de não ser o nome adotado pela Lei de 1979, que é bem anterior ao Código Civil.

O contrato de concessão mercantil é celebrado entre duas partes, denominadas concedente e concessionário. A primeira parte é o produtor da mercadoria, a empresa industrial produtora de veículos automotores de via terrestre. A segunda é uma empresa varejista, distribuidora dos veículos. É um contrato de colaboração, em que a concessionária colabora com a concedente na distribuição dos produtos ao público consumidor. É, portanto, uma revendedora.

É mais parecido com o contrato de distribuição; aliás, diversos juristas acreditam que o contrato de distribuição, regulado pelo Código Civil, é o contrato de *concessão mercantil*, da mesma forma que o contrato de agência é o contrato de representação comercial. Aproxima-se muito também do contrato de representação comercial. Todavia, apresenta caracteres próprios, que o distinguem dos demais contratos. Já tivemos oportunidade de nos pronunciar de forma contrária à confusão dos contratos de colaboração; cada um é um contrato, com características peculiares. Essa diversificação é que faz a riqueza da categoria jurídica dos contratos de colaboração. Cada contrato existe para um tipo de relação jurídica, conveniente às partes envolvidas e que evita a confusão de um com o outro.

Características comuns a todos eles realmente existem. Há traços básicos e elementos comuns a todos, e, por isso, são classificados numa só categoria jurídica: *contratos de colaboração*; é um bloco de contratos. Da mesma forma, existem contratos de transferência de bens, de transferência de tecnologia. Há, porém, diferenças particulares entre um e outro, como, por exemplo, o contrato de concessão mercantil e o de representação comercial.

Vamos examinar as características principais e peculiares ao contrato de concessão comercial, que o aproximam dos demais contratos de colaboração:

1. O concedente é sempre uma empresa industrial.
2. O concessionário é uma empresa vendedora varejista, ou seja, compra por atacado e vende a varejo.
3. A mercadoria colocada no mercado consumidor pelo cessionário é sempre veículo automotor, o que não acontece com o representante comercial e com o distribuidor.
4. Faz parte intrínseca do contrato de concessão mercantil a prestação de assistência técnica, o que também não acontece com a distribuição, com a agência e com o representante comercial.

A concessão mercantil entre produtores e distribuidores de veículos automotores será ajustada em contrato, que obedecerá forma escrita padronizada para cada marca e especificará produtos, área demarcada, distância mínima e quota de veículos automotores, bem como as condições relativas a requisitos financeiros, organização administrativa e contábil, capacidade técnica, instalações, equipamentos e mão de obra especializada do concessionário.

A concessão poderá, em cada caso, ser estabelecida para uma ou mais classes de veículos automotores. Fica vedada a negociação de veículos automotores novos fabricados por outro produtor. Quanto aos produtos lançados pelo concedente, haverá duas situações distintas, a saber:

- A. Se os veículos forem da mesma classe daqueles compreendidos na concessão, ficarão incluídos nesta automaticamente;
- B. Se forem de classe diversa, o concessionário terá preferência em vendê-los, se atender às condições prescritas pelo concedente para este fim.

18.2. A mercadoria vendida

Um dos marcantes requisitos do contrato de concessão mercantil é o campo restrito de veículos automotores de via terrestre. Não pode ser geladeira, televisores, produtos alimentícios e outros, como acontece na representação comercial ou na distribuição. Uma lancha, por exemplo, não pode ser, porque, embora seja veículo automotor, não é de via terrestre.

Entretanto, muitos são os veículos terrestres: automóveis, caminhões, ônibus e motocicletas são os principais. Pode ainda ser um trator ou máquinas agrícolas, como colhedeiras, debulhadoras, trilhadeiras e similares. São incluídos também os implementos agrícolas e outros que, mesmo não sendo motorizados, são acoplados a veículos motorizados, como um *trailer*, um arado, uma roçadeira.

É conveniente frisar que a distribuição de veículos automotores é privativa das empresas concessionárias. Os implementos podem ser vendidos livremente, desde que não acoplados a veículos automotores.

Não se incluem nessa categoria as máquinas de construção civil, ainda que sejam veículos motorizados, como as máquinas de terraplenagem: motoniveladoras, tratores de esteira, guindastes e outros similares.

Caracterizar-se-ão as diversas classes de veículos automotores pelas categorias econômicas de produtores e distribuidores, e os produtos, diferenciados em cada marca, pelo produtor e sua rede de distribuição, em conjunto.

18.3. A assistência técnica

Outra importante peculiaridade desse contrato é a obrigação de prestar assistência técnica aos veículos vendidos por ele. Essa assistência não é gratuita, de tal forma que não é apenas obrigação, mas também prerrogativa. A assistência técnica consiste em fazer reparações de defeitos ou estragos nos produtos, trocar peças ou fornecer peças e componentes.

Todo esse complexo de serviços de assistência técnica aos veículos fabricados pelo concedente recebe o nome de serviço autorizado. Alguns concedentes exigem que na frente do estabelecimento do concessionário se coloque uma placa com os dizeres: prestação de assistência técnica.

18.4. Direitos do concessionário

O principal direito do cessionário é o de poder vender com exclusividade, no seu território, os produtos fabricados pelo concedente, tais como veículos automotores, implementos e componentes fornecidos pelo concedente, ainda que não produtos da indústria automobilística. A maioria das peças que entram na composição do veículo não são de fabricação da concedente, mas são fornecidas por ela. Os implementos têm exclusividade de revenda, mas as peças são de difícil controle, razão por que a venda delas não tem exclusividade. Como exemplo podemos apontar o bairro da Luz, em São Paulo, em que existem centenas de lojas de peças automobilísticas. Também existem várias empresas concessionárias de veículos na mesma região. O que poderá brecar a vulgarização das peças é alguma que seja fabricada pela concedente ou só fornecida por ela; neste caso, o concedente só a venderá ao seu concessionário.

Terá também a faculdade de vender veículos usados, quer de fabricação da concedente, quer de outro produtor. É muito comum carro usado de qualquer marca ser recebido como parte do pagamento de um veículo vendido. O cessionário poderá fazer rápida manutenção do carro recebido em pagamento e colocá-lo à venda. Poderá vender outros bens compatíveis com a concessão, como um rádio especial para veículos, uma capa para os bancos, detergente para limpeza de carros, pneus e outros produtos semelhantes.

O concessionário tem o direito de exclusividade numa área operacional para suas atividades, a menos que o contrato de concessão mercantil autorize mais de um cessionário. A exclusividade poderá se limitar a certas classes de veículos; por exemplo: só para automóveis, não se incluindo caminhões ou tratores. Por outro lado, ela se estende aos veículos novos que forem lançados pelo concedente.

Cabe-lhe o direito de usar o nome e o símbolo do concedente e de ostentá-lo à frente de seu estabelecimento. Pode ser observada nas concessionárias a exibição ostensiva do nome do concedente, como se vê nas concessionárias FIAT ou CHEVROLET o símbolo e o nome do fabricante.

O concessionário poderá participar de programas especiais promovidos pelo concedente, como consórcios, sorteios, promoções de vendas, financiamento de vendas. Pratica-se hoje, na maior parte das concessionárias, o *leasing* (arrendamento mercantil).

O concessionário tem liberdade no estabelecimento do preço de venda ao consumidor, relativamente aos bens e serviços objetos da concessão dela decorrentes. O preço dos veículos tem que observar a tabela de preços, mas é livre o preço de serviços, como os de assistência técnica fora da garantia. Cabe ao concedente fixar o preço de venda de veículos aos concessionários, preservando sua unidade e condições de pagamento para toda a rede de distribuição.

18.5. Deveres do concessionário

O concessionário obriga-se a vender veículos automotores, implementos, componentes e máquinas agrícolas, de via terrestre. Ele deve participar da cadeia de circulação dessas mercadorias, com a criação e manutenção do mercado consumidor na sua área de atividade.

O direito de prestar assistência técnica é também uma obrigação. Deve seguir as normas da concedente, com o padrão de atendimento constante do manual da concedente, e usar as peças adequadas. O concessionário não poderá modificar os valores constantes na lista de preços estabelecida pela concedente, que é padrão a todos os concessionários. O serviço autorizado e as vendas não podem ultrapassar a área de atuação do cessionário, podendo, porém, vender a quem o procurar, ainda que o cliente esteja domiciliado na área de outro concessionário. É livre o consumidor para procurar qualquer concessionário.

O concessionário deverá se ater à venda direta ao consumidor, não podendo vender a intermediário para revenda. Poderá, entretanto, haver acordo entre concessionários da mesma rede de distribuição para revenda, em relação à respectiva quota, ou seja, um concessionário não consegue vender a quota mínima, e outro, que a tenha ultrapassado, faculta a venda para seu colega em inferioridade. Esta operação terá de ser inferior a 15% da quota de cada um quanto a caminhões e 10% quanto aos demais veículos automotores. Pode ocorrer ainda esta operação quando as vendas do concessionário destinar ao mercado externo.

Os valores de frete, seguro e outros encargos variáveis da remessa da mercadoria ao concessionário e deste ao respectivo adquirente deverão ser discriminados, individualmente, nos documentos fiscais pertinentes.

18.6. Deveres e direitos do concedente

A concessão compreende ainda o resguardo da integridade da marca e dos interesses coletivos do concedente e da rede de distribuição. Fica vedada a prática de atos pelos quais o concedente vincule o concessionário a condições de subordinação econômica, jurídica ou administrativa ou estabeleça interferência na gestão de seus negócios. Não pode haver diferenciação de tratamento entre concedente e concessionário, quanto a encargos financeiros e quanto a prazo de obrigações que se possam equiparar.

Não é possível haver exigência, entre concedente e concessionário, de obrigação que não tenha sido constituída por escrito ou de garantias acima do valor e duração das obrigações contraídas.

Por seu turno, o concedente fica obrigado a fornecer ao concessionário a quota mínima dos produtos a serem negociados. O cessionário está obrigado a comprar o número mínimo de veículos e, por isso, o concedente não pode falhar na entrega desses veículos. Também não poderá deixar faltar peças e implementos.

Deverá dar condições ao concessionário da assistência técnica aos consumidores e ressarcir, nas condições do contrato, os serviços de manutenção obrigatórios pela garantia.

O pagamento do preço das mercadorias fornecidas pelo concedente não poderá ser exigido, no todo ou em parte, antes do faturamento, salvo ajuste diferente entre o concedente e sua rede de distribuição. Se o pagamento da mercadoria preceder à sua saída, esta se dará até o sexto dia subsequente àquele ato.

É assegurada ao concedente a contratação de nova concessão, se o mercado de veículos automotores novos da marca, na área delimitada, apresentar as condições justificadoras da contratação que tenham sido ajustadas entre o produtor e sua rede de distribuição. Nesta hipótese, o cessionário instalado na área concorrerá com os demais interessados em igualdade de condições. A nova contratação não se poderá estabelecer em condições que de algum modo prejudiquem os concessionários da marca. Ou, então, se houver necessidade de prover vaga de concessão extinta.

O concedente poderá contratar, com empresa reparadora de veículos ou vendedora de componentes, a prestação de serviços de assistência ou a venda daqueles, exceto a distribuição de veículos novos, dando-lhe a denominação de serviço autorizado.

18.7. Prazo do contrato

O tempo de duração do contrato de concessão mercantil será, em princípio, indeterminado. E assim será se o contrato nada dispuser a este respeito. Aliás, diz o art. 21 que a concessão mercantil entre produtor e distribuidor de veículos automotores será de tempo indeterminado e somente cessará nos termos da Lei 6.729/79. Poderá ser inicialmente ajustado por tempo determinado, não inferior a cinco anos; sendo assim, ou seja, pelo prazo de cinco anos, deverá uma das partes comunicar por escrito a sua intenção de prorrogar o contrato, antes de 180 dias do vencimento. Se não houver esse comunicado, o contrato se tornará automaticamente por tempo indeterminado.

18.8. A resolução do contrato

O desfazimento do contrato se processa, como de costume, conforme seja por tempo determinado ou indeterminado. Se for a prazo, ao expirar esse tempo, ele se resolve naturalmente, e nenhuma das partes ficará obrigada a indenizar a outra. Se houver lesão ao contrato, vale dizer, se uma das partes praticar infração grave que justifique rescisão, a parte inocente, isto é, quem não deu causa à rescisão, tomará a iniciativa de romper o contrato, dando ciência por escrito à parte infratora, que ficará sujeita a penalidades gradativas.

Em qualquer caso de resolução do contrato, as partes disporão do prazo necessário à extinção das suas relações e das operações do concessionário, nunca inferior a 120 dias, contados da data da resolução.

O concedente que não prorrogar o contrato ficará obrigado, perante o concessionário, a readquirir-lhe o estoque de veículos automotores e componentes novos, estes em sua embalagem inicial, pelo preço de venda à rede de distribuição, vigente na data da reaquisição. Deverá também comprar do concessionário os equipamentos, máquinas e ferramental e instalações destinadas à concessão pelo preço de mercado correspondente ao Estado em que se encontrarem, cuja aquisição determinara ou dela tivera ciência por escrito. Não se incluem nesses bens os imóveis do concessionário. O concedente poderá fazer oposição a essa compra, devendo fazê-la de imediato e de forma documentada. Os valores devidos nessas hipóteses deverão ser pagos dentro de 60 dias da data da extinção da concessão e, no caso de mora, ficarão sujeitos à correção monetária e juros legais, a partir do vencimento do débito.

A reparação por perdas e danos será à razão de 4% do faturamento, projetado para um período correspondente à soma de uma parte fixa de 18 meses e uma variável de três meses por quinquênio de vigência da concessão. A projeção deve tomar por base o valor corrigido monetariamente do faturamento de bens e serviços concernentes à concessão que o concessionário tiver realizado nos dois anos anteriores à rescisão.

Se a infração ao contrato por tempo determinado, por parte do concedente, motivar a rescisão, o concessionário fará jus às mesmas reparações previstas para o contrato por tempo indeterminado.

18.9. Foro competente

O contrato de concessão mercantil é normalmente contrato de adesão ou, pelo menos, do tipo de contrato de adesão, por ser um contrato padronizado, formulado pelo concedente, e o concessionário, como parte mais fraca, terá de aceitá-lo nos termos em que se encontra, ou o contrato não será celebrado. O contrato é quase que totalmente igual para todos os concessionários. Sendo parte mais fraca, o concessionário tem certos privilégios, entre eles o de preferência de foro competente. Além disso, a analogia com o contrato de representação comercial nos leva a dar como foro competente para dirimir divergências entre concessionário e concedente o domicílio do primeiro.

Todavia, o art. 18 aponta o sistema de arbitragem para a resolução das questões suscitadas entre produtores e a entidade representativa da respectiva rede de distribuição. Deverão as categorias econômicas celebrar convenções para regulamentar esse sistema na aplicação dos assuntos referentes à concessão mercantil.

A arbitragem é um mecanismo de resolução de litígios, à parte do Poder Judiciário, pelo qual as partes de uma controvérsia escolhem um juiz não togado ou um tribunal especializado nesse mecanismo. O sistema está regulamentado pela Lei 9.307/96 e por convenções internacionais. Corre no Congresso Nacional o Projeto de Lei 3.456-A, regulamentando de forma mais pormenorizada a aplicação da arbitragem nas questões surgidas em decorrência do contrato de concessão mercantil, complementando assim o art. 18 de Lei 6.729/79.

No sistema arbitral, as partes escolhem não só o juiz que julgará a questão, mas também o direito a ser aplicado no julgamento. Por isso, as convenções dos órgãos representativos da categoria econômica estabelecem as convenções que devem complementar as normas estabelecidas pela Lei 6.729/79. Deverão declarar a entidade civil representativa da rede de distribuição e explicitar princípios e normas de interesse dos produtores e distribuidores de veículos automotores; devem disciplinar, por juízo declarativo, assuntos pertinentes às convenções da marca, por solicitação de produtos ou entidade representativa da respectiva rede de distribuição.

No final deste compêndio, faremos ampla exposição sobre esse sistema de resolução de divergências.

18.10. Venda direta pelo concedente

Há certas ressalvas especiais sobre a exclusividade de vendas do cessionário. Por exemplo, a Secretaria de Segurança Pública adquire diretamente do concedente, em grande quantidade, veículos para a Polícia; neste caso, os veículos são fabricados com características e equipamentos especiais, e o pedido é, via de regra, encaminhado pelo Poder Público diretamente à empresa produtora dos veículos. O produtor, ou seja, o concedente, poderá efetivar a venda de veículos automotores, independentemente da atuação ou do pedido do concessionário, à administração pública, direta ou indireta, ou ao corpo diplomático.

O concedente poderá, ainda, vender diretamente a outros compradores especiais, como uma empresa de transportes coletivos. Deverá, entretanto, agir nos limites previamente ajustados com sua rede de distribuição. Por isso, a incidência de vendas diretas através de concessionário, sobre a respectiva quota de veículos automotores, será estipulada entre o concedente e sua rede de distribuição. A venda direta só é possível nos casos previstos em lei.

É possível também que a venda, embora direta, seja feita por meio da rede de distribuição ao Poder Público ou ao Corpo Diplomático, incumbindo o encaminhamento do pedido a concessionário que tenha essa atribuição. E também a frotistas de veículos automotores, expressamente caracterizados, cabendo unicamente aos concessionários objetivar venda dessa natureza. Pode haver venda a outros compradores especiais, facultada a qualquer concessionário a apresentação do pedido.

Há, por outro lado, algum direito por parte do concessionário quando se tratar de vendas diretas: ele fará jus ao valor da contraprestação relativa aos serviços de revisão que prestar aos veículos vendidos à Administração Pública ou ao Corpo Diplomático. E igualmente ao valor da margem de comercialização correspondente à mercadoria, na hipótese de venda por meio da rede de distribuição.

18.11. Quota de venda

Responsabilidade séria, de interesse constante das partes, é o estabelecimento de quota mínima de vendas. É possível estabelecer quota mínima também nos contratos de representação comercial, agência e distribuição, mas por convenção entre as partes, uma vez que não está prevista na lei, devendo constituir cláusula contratual. A quota mínima está, porém, prevista na lei para o contrato de concessão mercantil, e o concessionário está obrigado a vender a quota mínima dos veículos, ainda que possa enfrentar as flutuações do mercado de venda.

A quota de veículos automotores compreendida na concessão será estabelecida com o concedente estimando sua produção destinada ao mercado interno para o período anual subsequente, por produto diferenciado e consoante a expectativa de mercado da marca. A quota corresponderá a uma parte da produção estimada, compondo-se de produtos diferenciados e independentes entre si, inclusive quanto às respectivas quantidades.

O concedente e o concessionário ajustarão a quota que a este caberá, consoante a respectiva capacidade empresarial, desempenho de vendas e conforme a capacidade do mercado de sua área demarcada. O estabelecimento da quota dependerá, portanto, de certos fatores, como a extensão da área de atuação do concessionário, do porte e tamanho de sua agência revendedora, da potencialidade de vendas da área abrangida pela concessão.

A quota será revista anualmente, podendo reajustar-se conforme os elementos constantes da lei e a rotatividade dos estoques do cessionário. Em seu entendimento, a quota de veículos automotores comportará ajustamentos decorrentes de eventual diferença entre a produção efetiva e a produção estimada. É facultado incluir na quota os veículos automotores vendidos por essas modalidades auxiliares de venda, como consórcios, sorteios, *leasing* ou planos de financiamento. O ajuste da quota independe dos estoques mantidos pelo concessionário em decorrência de obrigação legal.

18.12. Índice de fidelidade

Integra a concessão o índice de fidelidade de compra dos componentes dos veículos automotores que dela faz parte, podendo a convenção de marca estabelecer percentuais de aquisição obrigatória pelos concessionários. Não estão sujeitos ao índice de fidelidade de compra ao concedente as aquisições que o concessionário fizer de acessórios para veículos automotores e de implementos de qualquer natureza e máquinas agrícolas.

O índice de fidelidade é manifestação de lealdade à marca e ao concedente. Por exemplo: há certas peças autenticadas pelo concedente, mas há várias peças fabricadas por outro produtor. É, porém, de interesse e de boa política do concessionário dar preferência às peças fornecidas pelo produtor dos veículos.

Os pedidos do concessionário e os fornecimentos do concedente deverão corresponder à quota de veículos automotores e enquadrar-se no índice de fidelidade de componentes. É um direito e uma obrigação de cada um: o concessionário precisa comprar veículos para atender à sua quota de compra e guardar o índice de fidelidade dos componentes.

Em compensação, o concedente terá que suprir sempre o concessionário com os veículos que ele vender e os componentes necessários às vendas do concessionário. Os fornecimentos do concedente se circunscreverão a pedidos formulados por escrito e observando os termos da lei e do contrato.

O concedente deverá atender aos pedidos no prazo fixado; se não o fizer, poderá o concessionário cancelá-lo, e se ele não atender aos pedidos de componentes, o concessionário ficará desobrigado do índice de fidelidade na proporção do desatendimento verificado. O concessionário então poderá comprar componentes de fornecedor estranho ao contrato.

18.13. Estoque obrigatório

Cabe ao concessionário a obrigação de manter estoque permanente de peças e componentes para abastecer o serviço autorizado, com a assistência técnica, substituição de veículos e revisão deles. Aliás, não só é obrigação, mas conveniência e necessidade. A venda de peças e componentes é obrigatória para a assistência técnica, pois é serviço remunerado, constituindo valiosa fonte de renda para o concessionário. O concedente poderá exigir do concessionário a manutenção de estoque proporcional à rotatividade dos produtos novos objetos da concessão e adequada à natureza dos clientes do estabelecimento.

Porém, é facultado ao concessionário limitar seu estoque de veículos automotores, em geral a 65%; de caminhões, em particular, a 30% da atribuição mensal das respectivas quotas anuais por produto diferenciado. E também de tratores a 4% da quota anual de cada produto diferenciado. Quanto aos implementos, poderá limitar a 5% do valor das respectivas vendas que houver efetuado nos últimos 12 meses. Os componentes podem ser limitados a valor que não ultrapasse o preço pelo qual adquiriu aqueles que vendeu no varejo nos últimos três meses.

Para efeito dos limites, a cada seis meses será comparada a quota com a realidade do mercado do concessionário, segundo a venda por este efetuada. Devem ser reduzidos os referidos limites na proporção de eventuais diferenças entre a menor das vendas em relação às atribuições mensais, consoante os critérios estipulados entre produtor e sua rede de distribuição.

O concedente, por seu turno, deverá reparar o concessionário do valor do estoque de componentes que alterar ou deixar de fornecer, mediante sua recompra por preço atualizado à rede de distribuição. Poderá, então, substituir pelo sucedâneo ou por outros indicados pelo concessionário, devendo a reparação se dar em um ano da ocorrência do fato.

18.14. As convenções da marca

A legislação referente ao contrato de concessão mercantil é vasta e se constitui pela lei, pelas convenções entre entidades representativas da classe e pelo contrato entre concedente e concessionário. Fonte de direito pertinente são as **convenções das categorias econômicas**, entre as entidades de classe ou entre estas e os concessionários ou concedentes. Essas convenções são muito importantes, por terem *força de lei*, isto é, têm efeito *erga omnes*, submetendo-se a todos os envolvidos no sistema normativo de concessões. Entre essas convenções, ressaltam-se as referentes a marcas, e a própria Lei 6.729/79 a elas se refere, no art. 19, ao estabelecer normas representativas de vários dispositivos da lei.

As convenções podem ser firmadas por associação entre revendedores e suas concessionárias, como entre a ABRAC – Associação Brasileira de Concessionários Chevrolet, e as concessionárias Chevrolet, ou uma ou duas delas, podendo assim ser coletivas ou particulares. As partes são livres para dispor o que lhes convém, mas a própria lei indica certas convenções necessárias sobre assuntos previstos em lei. É o caso da convenção de marca, para serem fixados os critérios e as condições para ressarcimento da concessionária ou serviço autorizado que prestar serviços de manutenção obrigatórios pela garantia do fabricante. Fica vedada qualquer disposição do limite à faculdade do consumidor de adquirir por sua livre escolha autos e serviços de qualquer concessionária.

As relações entre concessionárias e concedentes serão também reguladas por convenção que, mediante solicitação do produtor ou de qualquer uma das entidades representativas deles, deverá ser celebrada com força de lei entre as categorias econômicas de produtores e distribuidores de veículos automotores. Cada uma das categorias econômicas será representada pela respectiva entidade civil ou, na falta desta, por outra entidade competente, qualquer delas sempre de âmbito nacional. São as convenções das categorias econômicas. Podem ser celebradas também pelo produtor e pela respectiva rede de distribuição, esta através da entidade civil de âmbito nacional que a represente, designada convenção de marca.

Qualquer dos signatários das convenções poderá proceder ao seu registro no cartório competente do Distrito Federal e à sua publicação no Diário Oficial da União, a fim de valerem contra terceiros em todo o território nacional. Independentemente de convenção, a entidade representativa da categoria econômica ou da rede de distribuição da respectiva marca poderá diligenciar a solução de dúvidas e controvérsias, no que tange às relações entre concedentes e concessionárias.

18.15. Legislação pertinente

É uma situação complexa julgar alguma questão referente ao contrato de concessão mercantil. A legislação pertinente revela a sobreposição de normas legais e a intervenção do Estado nas relações privadas, neste caso, entre concedente e concessionário, ao mesmo tempo em que outorga às partes a faculdade de estabelecerem as normas que regerão a vida delas. Finalmente, com referência ao contrato, que tem força no relacionamento entre o concedente e o concessionário.

Basicamente, o direito predominante é a lei e, neste caso, é a Lei 6.729/79, que regulamenta a concessão mercantil. Subsidiariamente, pode ser aplicada a esta questão a Lei 4.886/65, que regula o contrato de representação comercial, devido à analogia entre os dois contratos. Da mesma forma entra neste elenco o Código Civil, nas suas disposições gerais, principalmente as normas reguladoras dos contratos de *agência* e o de *distribuição*. A Lei 6.729/79 é por demais minuciosa e normativa; embora tenha só 32 artigos, cada um discorre longamente sobre as disposições que estabelece.

Além disso, trata-se de um contrato híbrido, constituído de pedaços de vários outros contratos. Vejamos então: o contrato de concessão mercantil implica operações de vendas de mercadorias e, desta forma, o contrato está submetido às normas da compra e venda. Há duas vendas: do concedente (produtor) para o concessionário (distribuidor), e depois do concessionário para o consumidor, havendo, portanto, uma revenda.

O concessionário deve trabalhar dentro de padrões organizacionais transmitidos pelo concedente, como controle de estoque e instalações técnicas recomendadas pelo produtor de veículos; de tal forma que existe no contrato de concessão mercantil a transferência de tecnologia, com a inclusão do nome, símbolos e outros bens intelectuais. Esse trabalho deve ser executado por profissionais treinados, avaliados e aprovados pelo concedente; há destarte um contrato de natureza educacional referente ao treinamento proporcionado pelo concedente à mão de obra do concessionário. Esse treinamento e a tecnologia de trabalho são patenteados, de tal forma que surgirá licenciamento de patentes e de registro de bens intelectuais. São seguidas as normas do Direito da Propriedade Intelectual.

Existem diversos fatores que vão situar o contrato no campo do Direito Concorrencial, principalmente o sistema de exclusividade; sente-se a restrição e a interdição da concorrência, estabelecidas pela lei, pelas convenções e pelo contrato de concessão mercantil. A exclusividade na aquisição dos produtos e componentes limita as fontes de aquisição ao comprador-revendedor, vale dizer, o concessionário, que só poderá comprar de um fornecedor: o concedente, que é o produtor-vendedor; é uma cláusula de não permissão da concorrência. Por esta cláusula, o concessionário se compromete a comprar exclusivamente de um fornecedor, excluindo os concorrentes deste último.

É um problema de Direito Concorrencial, mas o objetivo mais alto não deve ser absorvido pelos pormenores. O que a exclusividade visa é dar ao produtor segurança e garantia para colocar sua produção no mercado, sem temer as cíclicas crises no movimento de vendas. Por outro lado, o concessionário terá sempre garantia e segurança no fornecimento de sua mercadoria e na manutenção de estoques, para que possa manter a satisfação de seus compradores. A indústria de veículos automotores é uma das mais pujantes formas de produção econômica, e essa pujança decorre de vários fatores; o microssistema de vendas encontrado no contrato de concessão mercantil pode ser um desses fatores. A prova disso está no sucesso do esquema traçado pelo contrato de concessão mercantil.

Pelo outro tipo de exclusividade, vale dizer, o *monopólio privado* do concessionário, dominando o mercado de vendas em sua área e vedando intervenção da concorrência, valoriza seu *fundo de comércio*, usando com exclusividade a marca e os símbolos do concedente, com garantia do mercado consumidor de produtos determinados. Há integração empresarial na colaboração do concessionário em vender na sua área de atuação exclusivamente produtos do concedente. Há relacionamento horizontal entre uma empresa e outra, formando *monopólio privado*, mas devidamente regulado pela lei, para não haver abuso.

Em outro sentido, as convenções podem ser de *categorias econômicas* representadas pela associações de classe dos produtores, como a ANFAVEA, e a dos distribuidores, como a ABRAC. Categorias econômicas são os grupos de intervenientes do contrato de concessão mercantil, isto é, dos concedentes (produtores) e dos concessionários (distribuidores). Os dois grupos são representados por entidades representativas de sua classe.

As convenções de categorias econômicas valem contra terceiros, ou seja, *erga omnes*, ao serem lançadas no Cartório de Registro de Títulos e Documentos, tendo por isso *força de lei*. É o que diz o art. 17 da lei específica:

> *As relações, objeto desta lei, serão reguladas por convenção que, mediante solicitação do produtor ou de qualquer uma das entidades adiante indicadas, deverá ser celebrada com força de lei.*

O mesmo art. 17, no inciso I, indica as categorias econômicas a que o *caput* se refere:

> *As categorias econômicas de produtores e distribuidores de veículos automotores, cada uma representada pela respectiva entidade civil ou, na falta desta, por outra entidade competente, qualquer delas sempre de âmbito nacional, são designadas convenções das categorias econômicas.*

O que deve ser realçado é a força de lei das convenções. É princípio básico do Direito Obrigacional o de que a convenção, ou o contrato, faz lei entre as partes, mas, neste tipo de convenção, a força de lei tem mais força. Sendo a convenção assentada no Cartório de Registro de Títulos e Documentos, ela terá ênfase especial: é oponível a terceiros, aplicando-se a outras pessoas não participantes da convenção.

Outra classificação das convenções é a que as distingue em convenções de categoria e convenção de marca. Sua importância é secundária, por ser mais do tipo particular, complementando o contrato. Está prevista no art. 19, com 18 incisos, versando mais sobre rotinas da atividade do concessionário, tais como: o uso gratuito da marca do concedente; a prestação de assistência técnica aos veículos, quanto ao atendimento em garantia ou revisão; venda de componentes em área demarcada diferente; venda de outros produtos e prestação de serviços compatíveis com a concessão.

A outra base jurídica que forma o trinômio legal é o contrato. Sua importância fica bem atenuada pelo relevo às convenções e pelas minúcias da lei. O contrato está previsto no art. 20, dizendo que a concessão mercantil entre produtores e distribuidores será ajustada em contrato que obedecerá a forma escrita; é um contrato típico ou nominado. Se for *padronizado*, aproxima-se do contrato de adesão.

Formou-se, assim, o trinômio legal do contrato de concessão mercantil: **lei, convenção, contrato.**

18.16. Texto da Lei 6.729/79

O PRESIDENTE DA REPÚBLICA

Faço saber que o Congresso Nacional decreta e eu sanciono a seguinte Lei:

Art. 1º:

A Lei nº 6.729, de 28 de novembro de 1979, passa a vigorar com as seguintes alterações:

Art. 2º – Consideram-se:

I – produtor, a empresa industrial que realiza a fabricação ou montagem de veículos automotores;

II – distribuidor, a empresa comercial pertencente à respectiva categoria econômica, que realiza a comercialização de veículos automotores, implementos e componentes novos, presta assistência técnica a esses produtos e exerce outras funções pertinentes à atividade;

III – veículo automotor, de via terrestre, o automóvel, caminhão, ônibus, trator, motocicleta e similares;

IV – implemento, a máquina ou petrecho que se acopla a veículo automotor, na interação de suas finalidades;

V – componente, a peça ou conjunto integrante do veículo automotor ou implemento de série;

VI – máquina agrícola, a colheitadeira, a debulhadora, a trilhadeira e demais aparelhos similares destinados à agricultura, automotrizes ou acionados por trator ou outra fonte externa;

VII – implemento agrícola, o arado, a grade, a roçadeira e demais petrechos destinados à agricultura;

VIII – serviço autorizado, a empresa comercial que presta serviços de assistência a proprietários de veículos automotores, assim como a empresa que comercializa peças e componentes.

§ 1º – Para os fins desta Lei:

a) intitula-se também o produtor de concedente e o distribuidor de concessionário;

b) entende-se por trator aquele destinado a uso agrícola, capaz também de servir a outros fins, excluídos os tratores de esteira, as motoniveladoras e as máquinas rodoviárias para outras destinações;

c) caracterizar-se-ão as diversas classes de veículos automotores pelas categorias econômicas de produtores e distribuidores, e os produtos, diferenciados em cada marca, pelo produtor e sua rede de distribuição, em conjunto.

§ 2º – Excetuam-se da presente Lei os implementos e máquinas agrícolas caracterizados neste artigo, incisos VI e VII, que não sejam fabricados por produtor definido no inciso I.

Art. 3º – Constitui objeto de concessão:

I – a comercialização de veículos automotores, implementos e componentes fabricados ou fornecidos pelo produtor;

II – a prestação de assistência técnica a esses produtos, inclusive quanto ao seu atendimento em garantia ou revisão;

III – o uso gratuito da marca do concedente, como identificação.

§ 1º – A concessão poderá, em cada caso:
a) ser estabelecida para uma ou mais classes de veículos automotores;
b) vedar a comercialização de veículos automotores novos, fabricados ou fornecidos por outro produtor.

§ 2º – Quanto aos produtos lançados pelo concedente:
a) se forem da mesma classe daqueles compreendidos na concessão, ficarão nesta incluídos automaticamente;
b) se forem de classe diversa, o concessionário terá preferência em comercializá-los, se atender às condições prescritas pelo concedente para esse fim.

§ 3º – É facultado ao concessionário participar das modalidades auxiliares de venda que o concedente promover ou adotar, tais como consórcios, sorteios, arrendamentos mercantis e planos de financiamento.

Art. 4º – Constitui direito de concessionário também a comercialização de:
I – implementos e componentes novos produzidos ou fornecidos por terceiros, respeitada, quanto aos componentes, a disposição do art. 8º;
II – mercadorias de qualquer natureza que se destinem a veículo automotor, implemento ou à atividade da concessão;
III – veículos automotores e implementos usados de qualquer marca.

Parágrafo único – Poderá o concessionário ainda comercializar outros bens e prestar outros serviços, compatíveis com a concessão.

Art. 5º – São inerentes à concessão:
I – área operacional de responsabilidade do concessionário para o exercício de suas atividades;

II – distâncias mínimas entre estabelecimentos de concessionários da mesma rede, fixadas segundo critérios de potencial de mercado.

§ 1º – A área poderá conter mais de um concessionário da mesma rede.

§ 2º – O concessionário obriga-se à comercialização de veículos automotores, implementos, componentes e máquinas agrícolas, de via terrestre, e à prestação de serviços inerentes a estes, nas condições estabelecidas no contrato de concessão comercial, sendo-lhe defesa a prática dessas atividades, diretamente ou por intermédio de prepostos, fora de sua área demarcada.

§ 3º – O consumidor, à sua livre escolha, poderá proceder à aquisição dos bens e serviços a que se refere esta Lei em qualquer concessionário.

§ 4º – Em convenção de marca serão fixados os critérios e as condições para ressarcimento da concessionária ou serviço autorizado que prestar os serviços de manutenção obrigatórios pela garantia do fabricante, vedada qualquer disposição de limite à faculdade prevista no parágrafo anterior.

Art. 6º – É assegurada ao concedente a contratação de nova concessão:
I – se o mercado de veículos automotores novos de marca, na área delimitada, apresentar as condições justificadoras da contratação que tenham sido ajustadas entre o produtor e sua rede de distribuição;
II – pela necessidade de prover vaga de concessão extinta.

§ 1º – Na hipótese do inciso I deste artigo, o concessionário instalado na área concorrerá com os demais interessados, em igualdade de condições.

§ 2º - A nova contratação não se poderá estabelecer em condições que de algum modo prejudiquem os concessionários da marca.

Art. 7º - Compreende-se na concessão a quota de veículos automotores assim estabelecida:
I - o concedente estimará sua produção destinada ao mercado interno para o período anual subsequente, por produto diferenciado e consoante a expectativa de mercado da marca;
II - a quota correspondente a uma parte da produção estimada, compondo-se de produtos diferenciados e independentes entre si, inclusive quanto às respectivas quantidades;
III - o concedente e o concessionário ajustarão a quota que a este caberá, consoante a respectiva capacidade empresarial e desempenho de comercialização e conforme a capacidade do mercado de sua área demarcada.

§ 1º - O ajuste da quota independente dos estoques mantidos pelo concessionário, nos termos da presente Lei.

§ 2º - A quota será revista anualmente, podendo reajustar-se conforme os elementos constantes dos incisos deste artigo e rotatividade dos estoques do concessionário.

§ 3º - Em seu atendimento, a quota de veículos automotores comportará ajustamentos decorrentes de eventual diferença entre a produção efetiva e a produção estimada.

§ 4º - É facultado incluir na quota os veículos automotores comercializados através das modalidades auxiliares de venda a que se refere o art. 3º, § 3º.

Art. 8º - Integra a concessão o índice de fidelidade de compra de componentes dos veículos automotores que dela faz parte, podendo a convenção de marca estabelecer percentuais de aquisição obrigatória pelos concessionários.

Parágrafo único – Não estão sujeitas ao índice de fidelidade de compra ao concedente as aquisições que o concessionário fizer:
a) de acessórios para veículos automotores;
b) de implementos de qualquer natureza e máquinas agrícolas.

Art. 9º – Os pedidos do concessionário e os fornecimentos do concedente deverão corresponder à quota de veículos automotores e enquadrar-se no índice de componentes.

§ 1º – Os fornecimentos do concedente se circunscreverão a pedidos formulados por escrito e respeitarão os limites mencionados no art. 10, §§ 1º e 2º.

§ 2º – O concedente deverá atender ao pedido no prazo fixado e, se não o fizer, poderá o concessionário cancelá-lo.

§ 3º – Se o concedente não atender aos pedidos de componentes, o concessionário ficará desobrigado do índice de fidelidade a que se refere o art. 8º, na proporção de desatendimento verificado.

Art. 10 – O concedente poderá exigir do concessionário a manutenção de estoque proporcional à rotatividade dos produtos novos, objeto da concessão, e adequado à natureza dos clientes do estabelecimento, respeitados os limites prescritos nos §§ 1º e 2º seguintes.

§ 1º – É facultado ao concessionário limitar seu estoque:
a) de veículos automotores em geral a 65% e de caminhões em particular a 30% da atribuição mensal das respectivas quotas anuais por produto diferenciado, ressalvado o disposto na alínea *b* seguinte;
b) de tratores, a 4% da quota anual de cada produto diferenciado;
c) de implementos, a 5% do valor das respectivas vendas que houver efetuado nos últimos doze meses;

d) de componentes, a valor que não ultrapasse o preço pelo qual adquiriu aqueles que vendeu a varejo nos últimos três meses.

§ 2º – Para efeito dos limites previstos no parágrafo anterior, em suas alíneas *a* e *b*, a cada seis meses será comparada a quota com a realidade do mercado do concessionário, segundo a comercialização por este efetuada, reduzindo-se os referidos limites, na proporção de eventual diferença, à menor das vendas em relação às atribuições mensais, consoante os critérios estipulados entre produtor e sua rede de distribuição.

§ 3º – O concedente reparará o concessionário do valor do estoque de componentes que alterar ou deixar de fornecer, mediante sua recompra por preço atualizado à rede de distribuição ou substituição pelo sucedâneo ou por outros indicados pelo concessionário, devendo a reparação dar-se em um ano de ocorrência do fato.

Art. 11 – O pagamento do preço das mercadorias fornecidas pelo concedente não poderá ser exigido, no todo ou em parte, antes do faturamento, salvo ajuste diverso entre o concedente e sua rede de distribuição.

Parágrafo único – Se o pagamento da mercadoria preceder a sua saída, esta se dará até o sexto dia subsequente àquele ato.

Art. 12 – O concessionário só poderá realizar a venda de veículos automotores novos diretamente a consumidor, vedada a comercialização para fins de revenda.

Parágrafo único – Ficam excluídas da disposição deste artigo:
a) operações entre concessionárias da mesma rede de distribuição que, em relação à respectiva quota, não ultrapassem 15% quanto a caminhões e 10% quanto aos demais veículos automotores;
b) vendas que o concessionário destinar ao mercado externo.

Art. 13 - É livre o preço de venda do concessionário ao consumidor, relativamente aos bens e serviços objetos da concessão dela decorrentes.

§ 1º - Os valores do frete, seguro e outros encargos variáveis de remessa da mercadoria ao concessionário e deste ao respectivo adquirente deverão ser discriminados, individualmente, nos documentos fiscais pertinentes.

§ 2º - Cabe ao concedente fixar o preço de venda aos concessionários, preservando sua uniformidade e condições de pagamento para toda a rede de distribuição

Art. 14 - Revogado.

Art. 15 - O concedente poderá efetivar vendas diretas de veículos automotores:
I - Independentemente da atuação ou pedido de concessionário:
a) à Administração Pública, direta ou indireta, ou ao Corpo Diplomático;
b) a outros compradores especiais, nos limites que forem previamente ajustados com sua rede de distribuição; através da rede de distribuição:
a) às pessoas indicadas no inciso I, alínea *a*, incumbindo o encaminhamento do pedido a concessionário que tenha esta atribuição;
b) a frotista de veículos automotores expressamente caracterizados, cabendo unicamente aos concessionários objetivar vendas desta natureza;
c) a outros compradores especiais, facultada a qualquer concessionário a apresentação do pedido.

§ 1º - Nas vendas diretas, o concessionário fará jus ao valor da contraprestação relativa aos serviços de revisão que prestar, na hipótese do inciso I, ou ao valor da margem de comercialização correspondente à mercadoria vendida, na hipótese do inciso II deste artigo.

§ 2º - A incidência das vendas diretas através de concessionário, sobre a respectiva quota de veículos automotores, será estipulada entre o concedente e sua rede de distribuição.

Art. 16 - A concessão compreende ainda o resguardo da integridade da marca e dos interesses coletivos do concedente e da rede de distribuição, ficando vedadas:

I - prática de atos pelos quais o concedente vincule o concessionário a condições de subordinação econômica, jurídica ou administrativa ou estabeleça interferência na gestão de seus negócios;

II - exigência entre concedente e concessionário de obrigação que não tenha sido constituída por escrito ou de garantias acima do valor e duração das obrigações contraídas;

III - diferenciação de tratamento entre concedente e concessionário quanto a encargos financeiros e quanto a prazo de obrigações que se possam equiparar.

Art. 17 - As relações objeto desta Lei serão também reguladas por convenção que, mediante solicitação do produtor ou de qualquer uma das entidades adiante indicadas, deverão ser celebradas com força de lei, entre:

I - as categorias econômicas de produtores e distribuidores de veículos automotores, cada uma representada pela respectiva entidade civil ou, na falta desta, por outra entidade competente, qualquer delas sempre de âmbito nacional, designadas convenções das categorias econômicas;

II - cada produtor e a respectiva rede de distribuição, esta através da entidade civil de âmbito nacional que a represente, designadas convenções da marca.

§ 1º - Qualquer dos signatários dos atos referidos neste artigo poderá proceder ao seu registro no Cartório competente do Distrito Federal e à sua publicação no Diário Oficial da União, a fim de valerem também contra terceiros em todo território nacional.

§ 2º – Independentemente de convenções, a entidade representativa da categoria econômica ou da rede de distribuição da respectiva marca poderá diligenciar a solução de dúvidas e controvérsias, no que tange às relações entre concedente e concessionário.

Art. 18 – Celebrar-se-ão convenções das categorias econômicas para:

I – explicitar princípios e normas de interesse dos produtores e distribuidores de veículos automotores;

II – declarar a entidade civil representativa de rede de distribuição;

III – resolver, por decisão arbitral, as questões que lhe forem submetidas pelo produtor e a entidade representativa da rede de distribuição;

IV – disciplinar, por juízo declaratório, assuntos pertinentes às convenções da marca, por solicitação de produtor ou entidade representativa da respectiva rede de distribuição.

Art. 19 – Celebrar-se-ão convenções da marca para estabelecer normas e procedimentos relativos a:

I – atendimento de veículos automotores em garantia ou revisão (art. 3º, inciso II);

II – uso gratuito da marca do concedente (art. 3º, inciso III);

III – inclusão na concessão de produtos lançados na sua vigência e modalidades auxiliares de venda (art. 3º, § 2º, alínea *a*; § 3º);

IV – comercialização de outros bens e prestação de outros serviços (art. 4º, parágrafo único);

V – fixação de área demarcada e distâncias mínimas, abertura de filiais e outros estabelecimentos (art. 3º, incisos I e II; § 4º; remissão a este texto);

VI – venda de componentes em área demarcada diversa (art. 5º, § 3º, remissão a este texto);

VII – novas concessões e condições de mercado para sua contratação ou extinção de concessão existente (art. 6º, incisos I e II);

VIII – quota de veículos automotores, reajustes anuais, ajustamentos cabíveis, abrangência quanto a modalidades auxiliares de venda (art. 7º, §§ 1º, 2º, 3º, 4º) e incidência de vendas diretas (art. 15, § 2º);

IX – pedidos e fornecimentos de mercadoria (art. 9º);

X – estoques do concessionário (art. 10 e §§ 1º e 2º);

XI – alteração de época de pagamento (art. 11);

XII – cobrança de encargos sobre o preço da mercadoria (art. 13, parágrafo único; remissão a este texto);

XIII – margem de comercialização, inclusive quanto a sua alteração em casos excepcionais (art. 14 e parágrafo único), seu percentual atribuído a concessionário de domicílio do comprador (art. 5º, § 2º; remissão a este texto);

XIV – vendas diretas, com especificação de compradores especiais, limites de vendas pelo concedente sem mediação de concessionário, atribuição de faculdade a concessionário para Venda à Administração Pública e ao Corpo Diplomático, caracterização de frotista de veículos automotores, valor de margem de comercialização e de contraprestação de revisões, demais regras de procedimento (art. 15, § 1º);

XV – regime de penalidades gradativas (art. 22, § 1º);

XVI – especificação de outras reparações (art. 24, inciso IV);

XVII – contratações para prestação de assistência técnica e comercialização de componentes (art. 28);

XVIII – outras matérias previstas nesta Lei e as que as partes julgarem de interesse comum.

Art. 20 – A concessão comercial entre produtores e distribuidores de veículos automotores será ajustada em contrato que obedecerá forma escrita padronizada para cada marca e especificará produtos, área demarcada, distância mínima e quota de veículos automotores, bem como as condições relativas a requisitos financeiros, organização administrativa e contábil, capacidade técnica, instalações, equipamentos e mão de obra especializada do concessionário.

Art. 21 - A concessão comercial entre produtor e distribuidor de veículos automotores será de prazo indeterminado e somente cessará nos termos desta Lei.

Parágrafo único - O contrato poderá ser inicialmente ajustado por prazo determinado, não inferior a cinco anos, e se tornará automaticamente de prazo indeterminado se nenhuma das partes manifestar à outra a intenção de não prorrogá-lo, antes de 180 dias do seu termo final e mediante notificação por escrito devidamente comprovada.

Art. 22 - Dar-se-á a resolução do contrato:
I - por acordo das partes ou força maior;
II - pela expiração do prazo determinado, estabelecido no início da concessão, salvo se prorrogado nos termos do artigo 21, parágrafo único;
III - por iniciativa da parte inocente, em virtude de infração a dispositivo desta Lei, das convenções ou do próprio contrato, considerada infração também a cessação das atividades do contraente.

§ 1º - A resolução prevista neste artigo, inciso III, deverá ser precedida da aplicação de penalidades gradativas.

§ 2º - Em qualquer caso de resolução contratual, as partes disporão do prazo necessário à extinção das suas relações e das operações do concessionário, nunca inferior a 120 dias, contados da data da resolução.

Art. 23 - O concedente que não prorrogar o contrato ajustado nos termos do art. 21, parágrafo único, ficará obrigado perante o concessionário a:
I - readquirir-lhe o estoque de veículos automotores e componentes novos, estes em sua embalegem original, pelo preço de venda à rede de distribuição, vigente na data de reaquisição;
II - comprar-lhe os equipamentos, máquinas, ferramental e instalações destinados à concessão, pelo preço de mercado

correspondente ao estado em que se encontrarem e cuja aquisição o concedente determinara ou dela tivera ciência por escrito sem lhe fazer oposição imediata e documentada, excluídos desta obrigação os imóveis do concessionário.

Parágrafo único – Cabendo ao concessionário a iniciativa de não prorrogar o contrato, ficará desobrigado de qualquer indenização ao concedente.

Art. 24 – Se o concedente der causa à recisão do contrato de prazo indeterminado, deverá reparar o concessionário:
I – readquirindo-lhe o estoque de veículos automotores, implementos e componentes novos, pelo preço de venda ao consumidor, vigente na data da rescisão contratual;
II – efetuando-lhe a compra prevista no art. 23, inciso II;
III – pagando-lhe perdas e danos, à razão de 4% do faturamento projetado para um período correspondente à soma de uma parte fixa de dezoito meses e uma variável de três meses por quinquênio de vigência da concessão, devendo a projeção tomar por base o valor corrigido monetariamente do faturamento de bens e serviços concernentes à concessão que o concessionário tiver realizado nos dois anos anteriores à rescisão;
IV – satisfazendo-lhe outras reparações que forem eventualmente ajustadas entre o produtor e sua rede de distribuição.

Art. 25 – Se a infração do concedente motivar a rescisão do contrato de prazo determinado, previsto no art. 21, parágrafo único, o concessionário fará jus às mesmas reparações estabelecidas no artigo anterior, sendo que:
I – quanto ao inciso III, será a indenização calculada sobre o faturamento projetado até o término do contrato e, se a concessão não tiver alcançado dois anos de vigência, a projeção tomará por base o faturamento até então realizado;
II – quanto ao inciso IV, serão satisfeitas as obrigações vincendas até o termo final do contrato rescindido.

Art. 26 – Se o concessionário der causa à rescisão do contrato, pagará ao concedente a indenização correspondente a 5% do valor total das mercadorias que dele tiver adquirido nos últimos quatro meses do contrato.

Art. 27 – Os valores devidos nas hipóteses dos artigos 23, 24, 25 e 26 deverão ser pagos dentro de 60 dias da data da extinção da concessão e, no caso de mora, ficarão sujeitos a correção monetária e juros legais, a partir do vencimento do débito.

Art. 28 – O concedente poderá contratar, de empresa reparadora de veículos ou vendedora de componentes, a prestação de serviços de assistência ou a comercialização daqueles, exceto a distribuição de veículos novos, dando-lhe a denominação de serviço autorizado.

Parágrafo único – Às contratações a que se refere este artigo serão aplicados, no que couber, os dispositivos desta Lei.

Art. 29 – As disposições do art. 66 da Lei nº 4.728, de 14 de julho de 1965, com a redação dada pelo Decreto-lei nº 911, de 1º de outubro de 1969, não se aplicam às operações de compra de mercadorias pelo concessionário, para fins de comercialização.

Art. 30 – A presente Lei aplica-se às situações existentes entre concedentes e concessionários, sendo consideradas nulas as cláusulas dos contratos em vigor que a contrariem.

§ 1º – As redes de distribuição e os concessionários individualmente continuarão a manter os direitos e as garantias que lhes estejam assegurados perante os respectivos produtores por ajustes de qualquer natureza, especialmente no que se refere a áreas demarcadas e quotas de veículos automotores, ressalvada a competência da convenção da marca para modificação de tais ajustes.

§ 2º – As entidades civis a que se refere o art. 17, inciso II, existentes à data em que esta Lei entrar em vigor, representarão a respectiva rede de distribuição.

Art. 31 - Tornar-se-ão de prazo indeterminado, nos termos do art. 21, as relações contratuais entre produtores e distribuidores de veículos automotores que já tiveram somado três anos de vigência à data em que a presente Lei entrar em vigor.

Art. 32 - Se não estiver completo o lapso de três anos a que se refere o artigo anterior, o distribuidor poderá optar:
I - pela prorrogação do prazo do contrato vigente por mais cinco anos, contados a partir da data em que esta Lei entrar em vigor;
II - pela conservação do prazo contratual vigente.

§ 1º - A opção a que se refere este artigo deverá ser feita em 90 dias, contados da data em que esta Lei entrar em vigor, ou até o término do contrato, se menor prazo lhe restar.

§ 2º - Se a opção não se realizar, prevalecerá o prazo contratual vigente.

§ 3º - Tornar-se-á de prazo indeterminado, nos termos do art. 21, o contrato que for prorrogado até 180 dias antes do vencimento dos cinco anos, na hipótese do inciso I, ou até a data do seu vencimento, na hipótese do inciso II ou do § 2º, deste artigo.

§ 4º - Aplicar-se-á o disposto no art. 23, se o contrato não for prorrogado nos prazos mencionados no parágrafo anterior.

Art. 33 - Esta Lei entrará em vigor na data de sua publicação, revogadas as disposições em contrário.

Art. 2º - Esta Lei entra em vigor na data de sua publicação. Art. 3º - Revogam-se o art. 14 da Lei nº 6.729, de 28 de novembro de 1979, e as demais disposições em contrário. Brasília, em 26 de dezembro de 1990; 169º da Independência e 102º da República. FERNANDO COLLOR - ZÉLIA M. CARDOSO DE MELLO.

19. CONTRATO DE *TRADING*

- **19.1.** Aspectos conceituais
- **19.2.** As partes do contrato de *trading*
- **19.3.** Regulamentação das *trading companies*
- **19.4.** Origem das *trading companies*
- **19.5.** Utilidades e vantagens
- **19.6.** Entrepostagem
- **19.7.** O Decreto-lei 1.248/72

19.1. Aspectos conceituais

É um contrato com muita semelhança com o contrato de representação comercial, mas apresenta alguns matizes especiais: é um tipo de contrato de representação comercial para operar vendas internacionais, ou seja, o produtor está situado num país e o consumidor ou o distribuidor, em outro; esta é a principal característica. O termo *trading* é utilizado em nosso idioma, de tal modo que não é considerado como palavra estrangeira. Possui vários sentidos, mas sempre dá a entender uma operação internacional e também a ideia de venda. Na linguagem internacional, *trading* é traduzido como *comércio exterior* ou *comércio internacional*.

Nessas condições, o contrato de *trading* é um contrato de cooperação empresarial para força de vendas, numa parceria entre a produção e a venda, pelo qual o produtor concede autorização ao distribuidor para vender seus produtos. A segunda importante característica desse contrato é que o produtor está situado num país e o consumidor em outro. Às vezes, o distribuidor também está situado no exterior, mas não obrigatoriamente. No Brasil, grande parte dos distribuidores são empresas brasileiras. Basicamente, porém, é um tipo de representação comercial, pois há duas partes: produtor e distribuidor; é também um contrato de colaboração empresarial para força de vendas, como são também os contratos de representação comercial, agenda, distribuição, concessão mercantil, mandato mercantil e comissão mercantil.

Esse contrato desenvolveu-se no Brasil há uns trinta anos, entre empresas japonesas e brasileiras, mormente no ramo de produtos eletrônicos de áudio, como rádios, toca-fitas, vitrolas, gravadores, televisores, amplificadores e outros. Por exemplo, a indústria japonesa SONY, fabricante de produtos de som, celebrou contrato de *trading* com uma empresa brasileira, para que esta a representasse no Brasil e se encarregasse da venda de seus produtos em nosso país, sendo remunerada com a comissão sobre vendas realizadas. O contrato de *trading* implicava também a prestação de serviços de assistência técnica pelo distribuidor à clientela e a garantia sobre os produtos vendidos, por determinado tempo. Há nesse aspecto muita analogia com a concessão mercantil.

Posteriormente, esse contrato evoluiu muito, e o distribuidor teve licença de uso de marca e tecnologia para a fabricação dos produtos. Houve então contrato de transferência de tecnologia, acoplado ao contrato de *trading*. Ao entrar no século XXI, grande parte das empresas estrangeiras já tinha seus produtos fabricados pelas *tradings* brasileiras. Desta forma, o distribuidor passou a ser o licenciador da tecnologia utilizada pelo distribuidor.

No início dessa última fase, o contrato de *trading*, que muito se aproximava do contrato de representação comercial, passou a se aproximar mais do contrato de concessão mercantil ou do contrato de distribuição. Não houve, a princípio, propriamente a fabricação dos produtos. A *trading* recebia os produtos desmontados e fazia a montagem dos aparelhos no Brasil; os produtos eram então confeccionados por mão de obra brasileira, sendo então considerados produtos nacionais. No segundo passo, a *trading* teve autorização para adquirir peças no mercado brasileiro, em substituição às peças enviadas pelo produtor estrangeiro.

O distribuidor transformou-se num montador. O terceiro passo foi o da industrialização dos produtos, quando o distribuidor transformou-se em industrial, fabricando algumas peças que adicionava aos produtos. Este passo foi mais lento, ficando o distribuidor mais como montador de produtos, como acontece na indústria automobilística.

No moderno Direito e na atual produção industrial, permanece ainda o contrato de *trading*, mas este mesmo contrato fez surgir a proliferação de contratos de representação comercial. O distribuidor inicial continua como primeiro distribuidor, mas a distribuição direta ao consumidor fica a cargo de representantes comerciais autônomos. É o que se observa nos atuais contratos de *trading*, em que o distribuidor conta com ampla rede de representantes comerciais. O distribuidor recebe hoje o nome de *trading* ou de *trading company*.

19.2. As partes do contrato de *trading*

Duas são as partes deste contrato, correspondentes às mesmas partes dos contratos de colaboração empresarial para força de vendas. A primeira é o produtor, chamado internacionalmente de *trader*: é o fornecedor das mercadorias de variados tipos, como industriais ou agrícolas. Pode ser uma empresa industrial, como pode ser um produtor agropecuário. Muitas vezes são empresas especializadas e autorizadas a operar na Bolsa de Mercadorias; elas adquirem a mercadoria em leilão da Bolsa e as entrega à *trading company*, para que esta as venda ao exterior.

Não é necessário que o fornecedor seja empresa mercantil nem empresa; poderá ser, por exemplo, um agricultor, um produtor agrícola. Se a mercadoria for carne, normalmente será um frigorífico.

A contraparte do contrato é o *trading*, que é o vendedor; como a venda é para o exterior, ele é também chamado de exportador. É forçosamente empresa mercantil, por exigência legal. Internacionalmente, é chamada *trading company*, mas no Brasil a lei nomeou-a *companhia comercial exportadora*, e assim iremos chamá-la, para seguir a lei.

Em alguns exemplos, iremos compreender bem a posição dessas duas partes:

    A. Um produtor de melões de Araçatuba quer exportar parte de sua produção para a Ásia; ele é o *trader*.

B. Encarrega então a Supremo Trading S.A. da venda dos melões na Ásia, celebrando o contrato de *trading* e exportando os melões.
C. Lá na Ásia, a empresa XIOPEN S.A. importa os melões e os paga. É o comprador.

Nota-se nesta operação que o *trader* muito se parece com o representado; o *trading*, com o representante comercial autônomo, e o importador se assemelha ao comprador. É como se fosse um contrato de representação comercial, mas o comprador está situado em país diferente do vendedor (*trader*).

Examinaremos em seguida um caso contrário: o vendedor está no Japão e o comprador no Brasil. A Matsushita Corporation, fabricante de rádios, quer exportar para o Brasil. Ela é a *trader*.

Celebra contrato de *trading* com a Central Brasileira de Exportação S.A., para que esta coloque os rádios nas mãos dos consumidores brasileiros.

O *trader* é a Matsushita Corporation, que está no Japão, é a exportadora; a Central Brasileira de Exportação S.A. é a *trading*; e o comprador são os consumidores brasileiros.

19.3. Regulamentação das *trading companies*

O termo *trading company* designa uma empresa organizada, de acordo com a lei brasileira, sob a forma societária de sociedade anônima, a fim de se dedicar às operações econômicas internacionais, principalmente na comercialização de produtos. Como nossa legislação não permite o uso de nomes estrangeiros, nominou este tipo de empresa de *companhia comercial exportadora*.

A nominação legal é inadequada, pois embora seja uma empresa marcantemente comercial, a lei não impede que se dedique à indústria. Apesar de ser o objeto social mais direto o da exportação, dedica-se também à importação, bem como a outras atividades, como representação comercial em outros países, promoções diversas como feiras e exposições, obtenção de linhas de crédito e outras atividades de comércio exterior.

Compreende-se, porém, a designação, porquanto cada palavra sugere uma ideia relevante. A palavra *empresa,* usada comumente, representa uma inovação quando o Direito Comercial passou, há muito tempo, a gravitar na órbita da "teoria da empresa", e não na figura do comerciante ou do ato de comércio. A expressão *comercial* ressalta seu principal caráter, de dedicar-se com preferência ao comércio internacional, servindo de intermediária entre as fontes fornecedoras de um país e os consumidores localizados fora desse país. O termo *exportadora* realça o interesse do país em exportar os produtos de sua lavra, visando a manter o equilíbrio de sua balança comercial. Recentemente, o Presidente da República pronunciou uma frase muito divulgada, que veio realçar a participação da *trading company* na política monetária do Brasil: *exportar ou morrer.*

A companhia comercial exportadora é uma empresa revestida da forma societária de S.A., regida, portanto, pela Lei 6.404/76. É conveniente lembrar que a expressão *companhia* é designação exclusiva da S.A. Em princípio, é uma empresa como as comuns, registrada na Junta Comercial e demais registros, mas para a qual são exigidas outras formalidades. É, portanto, uma empresa especial.

As *trading companies* brasileiras são amparadas por extensa e complexa legislação específica. Começou com o Decreto-lei 1.248 de 29.11.1972, regulamentado pelo Decreto 71.866, de 26.02.73, dispondo sobre tratamento tributário das operações de compra e venda de mercadorias no mercado nacional, para fim específico de exportação, realizadas por empresas comerciais exportadoras.

Engloba-se ainda nessa legislação o Decreto 1.455/76, que instituiu o regime de entreposto aduaneiro na exportação, regulamentado pelo Decreto 78.450/76. Outras normas foram também estabelecendo algumas disposições, complementando a regulamentação. O Decreto-lei 1.894/81 instituiu incentivos fiscais para as *trading companies,* abolindo o IPI – Imposto sobre Produtos Industrializados, para suas vendas ao exterior.

Diversas normas adicionam-se à legislação ordinária, emanadas diretamente de órgãos ligados ao comércio exterior do Brasil, tais como a Portaria 130/73 do Ministério da Fazenda. O Comunicado 1/82 do DECEX (Departamento do Comércio

Exterior) previu o registro especial da *trading company* naquele órgão, e o Comunicado 78/83 regulamentou as operações de *drawback* pelas *trading companies* (*drawback* é a importação de um produto que se incorporará a outro para ser exportado, como a peça de um veículo, que irá compor esse veículo destinado à exportação). A instrução normativa SRF.29/73 da Secretaria da Receita Federal baixou normas sobre o documentário fiscal e outras exigências das *trading company*.

Destarte, de acordo com a legislação, a *trading company* é uma empresa revestida do modelo societário de S.A., de natureza mercantil, não só por ser S.A., mas também pela natureza de suas atividades, de nacionalidade brasileira, pois não poderá legalmente ser estrangeira. É normalmente privada, embora possa ser estatal.

19.4. Origem das *trading company*

O Japão foi o criador das modernas *trading company*. Tendo conseguido industrializar-se de forma rápida e segura, elaborado adiantada tecnologia industrial e atingido o mais alto estágio de produtividade, os japoneses começaram a sentir o fracasso no campo mercadológico. É sabido que o japonês é fechado, fala pouco e não é muito afeito ao diálogo e às conversações, evitando situações tumultuadas. Não é o tipo de pessoa facilmente adaptável a lançar-se num agressivo plano de vendas no mercado internacional.

Sentiu então o país a imperiosa necessidade de separar as atividades industriais das comerciais (*trade*). Ficou então a indústria encarregada de aprimorar a tecnologia de fabricação, produzindo em grande quantidade e a preço baixo. Para as atividades de vendas desses produtos no mercado internacional, houve necessidade de se criar organizações independentes e especializadas, sem a influência dos sisudos técnicos industriais. Surgiram então as *trading company*, lançadas exclusivamente às atividades de colocação dos produtos japoneses em outros países. Realçou-se a parceria, o contrato de colaboração empresarial para força de vendas.

Procuraram elas adaptar-se à legislação dos países estrangeiros, ao Direito internacional e à mercadologia internacional. Espalharam filiais e agências em muito países e se associaram a congêneres estrangeiras. Nunca se desenvolveu tanto o Direito internacional japonês e a legislação interna para o comércio exterior. O sucesso dessas *trading companies* inspirou a criação de empresas semelhantes em muitos países, como foi o caso do Brasil.

19.5. Utilidades e vantagens

Inúmeras foram as utilidades e vantagens das *trading companies* no relacionamento econômico entre os variados países: permitiram aos industriais que se dedicassem à produção industrial e facultaram a eles os canais de distribuição de seus produtos no mercado internacional. Para as grandes indústrias, dispensa a criação e manutenção de custoso departamento de comércio exterior ou de setor de vendas internacionais.

A legislação brasileira concede à *trading company* uma série de vantagens legais, fiscais e creditícias. A principal é a isenção do IPI e do ICMS e de boa parte do IR. Tem ainda acesso a financiamentos de ordem geral e financiamentos específicos. Para as pequenas empresas, sem qualquer possibilidade de atuar na comercialização de seus produtos fora do Brasil, a *trading company* desfrutará essas vantagens e benefícios, transferindo-os para essas pequenas empresas que, no conjunto, formam sugestiva fonte produtora.

Há porém o reverso da medalha. Para auferir tantas vantagens, a *trading company* está sujeita a certas formalidades, como o registro no DECEX – Departamento de Comércio Exterior do Banco do Brasil e na Secretaria da Receita Federal como *empresa comercial exportadora*, e deve organizar-se nos moldes da legislação específica. Devendo se revestir da forma de sociedade anônima e sujeita a todas as exigências da lei das S.A., sua estrutura jurídica deve obedecer a outras formalidades. Já que vai se dedicar a atividades delicadas e importantes, obtendo favores fiscais e creditícios, terá que se conformar com alguns requisitos especiais. Deverá ter um capital mínimo de 114.000 OTNS, constituído de 1/3 de ações ordinárias nominativas, e só estas ações terão direito a voto. Dessa forma, ficará claramente revelado o nome e a qualificação dos acionistas com poderes de mando. Podem emitir ações preferenciais sem direito a voto, desde que não ultrapassem 2/3 do capital. Atualmente, não é permitida a emissão de ações ao portador, de tal maneira que todos os acionistas da *trading company* podem ser reconhecidos. 75% dessas ações devem pertencer a brasileiros; se assim não for, estará sem condições de auferir as vantagens e benefícios que a lei confere às *trading companies*.

Qualquer alteração no estatuto de uma *trading company* só poderá ser feita com aprovação do DECEX e da Secretaria da Receita Federal. Essa alteração se justifica tendo-se em vista que uma *trading company* deve ser registrada nesses dois órgãos e poderia ter sua estrutura modificada após o registro, possibilitando fraudes ou a sua transferência para o controle estrangeiro. Será obrigatória ainda a manutenção de ficha cadastral no Banco do Brasil, atualizada constantemente.

Pelo exame das normas reguladoras da *trading company*, nota-se que são muitas as suas atribuições, e não apenas exportação, embora seja esta sua finalidade principal. A lei não proíbe que a *trading company* atue no mercado interno, comprando mercadorias brasileiras e vendendo-as aqui mesmo; não poderá, porém, fazer do mercado interno sua principal preocupação. Serão estas as suas atribuições:

1. Dedicar-se à exportação, ou seja, adquirir produtos no mercado interno, para o fim específico de sua revenda no mercado internacional, ou então representar o produtor nacional fora do nosso país;
2. Manter entrepostos aduaneiros, para estocar mercadorias destinadas à exportação, não sendo obrigatória a propriedade de armazéns, que poderão ser arrendados;
3. Importar mercadorias do exterior para distribuição no mercado nacional, embora não desfrute vantagem legal nessas operações;
4. Realizar operações de "drawback", isto é, importar matérias-primas, peças ou demais produtos que sirvam de insumos para a produção de mercadorias exportáveis;

5. Fazer promoções e publicidade para a divulgação de produtos brasileiros no mercado internacional, ou vice-versa, utilizando-se dos seus escritórios e representantes nos vários países;
6. Obter linhas de crédito no mercado internacional, ou vice-versa, utilizando-se dos seus escritórios e representantes nos vários países;
7. Fazer a intermediação entre empresas nacionais e estrangeiras;
8. Realizar pesquisas no mercado externo e no mercado interno para os exportadores brasileiros.

Por esta gama de atribuições, nota-se que a exportação não é a única utilidade das *trading companies* às empresas comerciais brasileiras. Servem, às vezes, como representantes comerciais e assumem posição comparada à das empresas atacadistas, mas operando no plano internacional. Dada a complexidade das operações internacionais, bem amplas são as oportunidades para uma *trading company* estabelecer contratos internacionais de vários tipos: crédito documentário, empréstimos, agências ou representação comercial, cartas de crédito, obtenção ou transferência de documentos internacionais, seguros internacionais e vários outros.

19.6. Entrepostagem

Aspecto importante no funcionamento da *trading company* é no que tange ao regime de entreposto aduaneiro na importação e na exportação, regulamentado pelo Decreto-lei 1.455/76 e pelo Decreto 78.450/76. A participação do "regime aduaneiro extraordinário de exportação" é prevista no art. 1º do Decreto-lei 1.248/72:

> *As operações decorrentes de compra de mercadorias no mercado interno, quando realizadas por empresa comercial exportadora, para o fim específico de exportação, terão tratamento tributário previsto neste Decreto-lei.*

> *Parágrafo único. Consideram-se destinadas ao fim específico de exportação as mercadorias que forem diretamente remetidas do estabelecimento do produtor-vendedor para:*
> *a – embarque de exportações por conta e ordem da empresa comercial;*
> *b – depósito em entreposto, por conta e ordem da empresa comercial exportadora, sob regime aduaneiro extraordinário de exportação, nas condições estabelecidas em regulamento.*

Vê-se, então, que nosso Direito prodigaliza as atividades de exportação para as *trading companies*, mas cria também o "regime de entreposto aduaneiro extraordinário de exportação", como atividade primordial da *trading company*, incentivada pelo Poder Público, constituindo assim mais uma vantagem da empresa comercial exportadora. Esta questão incorpora-se à própria estrutura da *trading company*; é fator de sua eficiência.

Entreposto é o local em que as mercadorias destinadas à exportação se acham depositadas, sob a inspeção das autoridades fiscais. Podem ser os Armazéns Gerais, depósitos de guarda de mercadorias, quer junto aos portos ou fora deles; quando se tratar de carne ou materiais perecíveis, são utilizados armazéns frigoríficos; se forem animais, ficam em currais. Os cereais são normalmente depositados nos silos ou graneleiros.

Está previsto no art. 10 do Decreto-lei 1.456/76 e no art. 1º do Decreto 78.450/76:

> *O regime de entreposto aduaneiro na exportação é o que permite o depósito da mercadoria em local determinado, sob controle fiscal, compreendendo o regime de entreposto aduaneiro extraordinário de exportação.*
> *Parágrafo 1º. O regime de entreposto aduaneiro de exportação é o que confere o direito de depósito da mercadoria, com suspensão do pagamento de tributos.*
> *Parágrafo 2º. Considera-se regime de entreposto extraordinário de exportação aquele que permite o depósito da mercadoria com direito à utilização dos benefícios fiscais,*

instituídos em lei, para incentivo à exportação, antes do seu efetivo embarque para o exterior.

Parágrafo 3º. O regime referido no parágrafo anterior só poderá ser concedido a empresas exportadoras constituídas na forma prevista pelo Decreto-lei 1.248/72.

A principal característica desse regime, concedido com exclusividade à *trading company*, é a isenção de impostos. O fornecedor dos produtos à *trading company*, ao enviar as mercadorias ao entreposto, isenta-se de pagamento de impostos, anotando a isenção na nota fiscal. O entreposto aduaneiro pode ser público ou privado; é público quando se destinar a prestar serviços a terceiros, e será de uso privado quando for usado exclusivamente pelo beneficiário, neste caso a *trading company*.

19.7. O Decreto-lei 1.248/72

Presidência da República
Casa Civil
Subchefia para Assuntos Jurídicos

DECRETO-LEI Nº 1.248, DE 29 DE NOVEMBRO DE 1972.

Vide Decreto nº 71.866, de 1973
Vide Decreto nº 78.450, de 1976

Dispõe sobre o tratamento tributário das operações de compra de mercadorias no mercado interno, para o fim específico da exportação, e dá outras providências.

O PRESIDENTE DA REPÚBLICA, no uso das atribuições que lhe confere o artigo 55, item II, da Constituição,

DECRETA:

Art. 1º – As operações decorrentes de compra de mercadorias no mercado interno, quando realizadas por empresa comercial

exportadora, para o fim específico de exportação, terão o tratamento tributário previsto neste Decreto-lei.

Parágrafo único. Consideram-se destinadas ao fim específico de exportação as mercadorias que forem diretamente remetidas do estabelecimento do produtor-vendedor para:

a) embarque de exportação por conta e ordem da empresa comercial exportadora;

b) depósito em entreposto, por conta e ordem da empresa comercial exportadora, sob regime aduaneiro extraordinário de exportação, nas condições estabelecidas em regulamento.

Art. 2º – O disposto no artigo anterior aplica-se às empresas comerciais exportadoras que satisfizerem os seguintes requisitos mínimos:

I – Registro especial na Carteira de Comércio Exterior do Banco do Brasil S.A. (CACEX) e na Secretaria da Receita Federal, de acordo com as normas aprovadas pelo Ministro da Fazenda;

II – Constituição sob forma de sociedade por ações, devendo ser nominativas as ações com direito a voto;

III – Capital mínimo fixado pelo Conselho Monetário Nacional.

§ 1º – O registro a que se refere o item I deste artigo poderá ser cancelado, a qualquer tempo, nos casos:

a) de inobservância das disposições deste Decreto-lei ou de quaisquer outras normas que o complementem;

b) de práticas fraudulentas ou inidoneidade manifesta.

§ 2º – Do ato que determinar o cancelamento a que se refere o parágrafo anterior caberá recurso ao Conselho Monetário Nacional, sem efeito suspensivo, dentro do prazo de 30 (trinta) dias, contados da data de sua publicação.

§ 3º – O Conselho Monetário Nacional poderá estabelecer normas relativas à estrutura do capital das empresas de que trata este artigo, tendo em vista o interesse nacional e, especialmente, prevenir práticas monopolísticas no comércio exterior.

Art. 3º – São assegurados ao produtor-vendedor, nas operações de que trata o artigo 1º deste Decreto-lei, os benefícios fiscais concedidos por lei para incentivo à exportação, à exceção do previsto no artigo 1º do Decreto-lei nº 491, de 05 de março de 1969, ao qual fará jus apenas a empresa comercial exportadora.

Art. 4º – Até o exercício financeiro de 1985, inclusive, a empresa comercial exportadora a que se refere este Decreto-lei poderá excluir do lucro líquido do exercício, na determinação do lucro real, uma quantia igual à diferença entre o valor dos produtos manufaturados comprados de produtores-vendedores, na forma do artigo 1º, e o valor FOB, em moeda nacional, das vendas, efetivadas no período-base, dos mesmos produtos para o exterior.

Art. 5º – Os impostos que forem devidos, bem como os benefícios fiscais, de qualquer natureza, auferidos pelo produtor-vendedor, acrescidos de juros de mora e correção monetária, passarão a ser de responsabilidade da empresa comercial exportadora nos casos de:

    a) não se efetivar a exportação após decorrido o prazo de um ano, a contar da data do depósito;
    b) revenda das mercadorias no mercado interno;
    c) destruição das mercadorias.

    § 1º – Para os fins deste artigo, calcular-se-á o Imposto sobre a Renda aplicando-se a maior alíquota para tributação das pessoas jurídicas sobre o valor equivalente a 10% (dez por cento) do preço da compra a que se refere o art. 1º deste Decreto-lei.

    § 2º – O recolhimento dos créditos tributários devidos, em razão do disposto neste artigo, deverá ser efetuado no prazo de 15 (quinze) dias, a contar da ocorrência do fato que lhes houver dado causa.

§ 3º – Nos casos de retorno ao mercado interno, a liberação das mercadorias depositadas sob regime aduaneiro extraordinário de exportação está condicionada ao prévio recolhimento dos créditos tributários de que trata este artigo.

§ 4º – Ocorrida a hipótese prevista no item "a", independentemente do estipulado neste artigo, considera-se abandonada a mercadoria na forma da legislação vigente.

Art. 6º – É admitida a revenda entre empresas comerciais exportadoras, desde que as mercadorias permaneçam em depósito até a efetiva exportação, passando aos compradores as responsabilidades previstas no artigo anterior, inclusive a de exportar a mercadoria até a data originalmente fixada no item "a".

Art. 7º – Em casos excepcionais, o Ministro da Fazenda poderá determinar ou autorizar o retorno ao mercado interno, fixando condições diferentes das estabelecidas neste Decreto-lei.

Art. 8º – Em caso de destruição das mercadorias adquiridas na forma deste Decreto-lei, o custo de aquisição só será admitido como parcela dedutível na apuração do lucro, sujeito ao Imposto sobre a Renda, quando satisfeita a obrigação tributária prevista no art. 5º.

Art. 9º – A vedação prevista nos <u>itens IV e V do art. 34, da Lei nº 4.595, de 31 de dezembro de 1964</u>, não se aplica às operações das instituições financeiras com empresa comercial exportadora que preencher os requisitos deste Decreto-lei, desde que previamente autorizados pelo Banco Central do Brasil, nas condições estabelecidas, em caráter geral, pelo Conselho Monetário Nacional.

Art. 10 – Quando as operações de compra e venda forem realizadas entre empresas comerciais exportadoras e produtores-vendedores que mantenham relações de interdependência, a base de cálculo dos créditos e benefícios fiscais se sujeitará às disposições do <u>art. 15, da Lei nº 4.502, de 30 de novembro de 1964</u>, bem como

às demais normas complementares, inclusive as que forem baixadas pelo Ministro da Fazenda.

Art. 11 – O art. 83, do Decreto-Lei nº 37, de 18 de novembro de 1966, passa a vigorar com a seguinte redação:
"Art. 83. O regime de entreposto aduaneiro na exportação é o que permite o depósito de mercadorias, sob controle fiscal, em local determinado, podendo ser efetuado sob regime aduaneiro de exportação e regime aduaneiro extraordinário, nas condições definidas em decreto do Poder Executivo.

§1º – O regime aduaneiro de exportação é o que confere o direito de depósito da mercadoria com suspensão dos impostos, se devidos.

§2º – Considera-se regime aduaneiro extraordinário de exportação aquele que permite o depósito da mercadoria com direito a utilização dos benefícios fiscais instituídos por lei, para incentivo à exportação, antes do seu efetivo embarque para o exterior".

Art. 12 – O art. 60, da Lei nº 5.025, de 10 de junho de 1966, fica acrescido da seguinte alínea:
f – outras modalidades de financiamento a critério do Conselho Monetário Nacional.

Art. 13 – O Poder Executivo regulamentará o presente Decreto-lei, podendo, inclusive:
I – fixar bases e condições para o cálculo dos benefícios fiscais;
II – definir o conceito de produto manufaturado para efeito de aplicação dos benefícios fiscais previstos neste Decreto-lei.

Art. 14 – Este Decreto-lei entrará em vigor na data de sua publicação, revogadas as disposições em contrário.

Brasília, 29 de novembro de 1972; 151º da Independência e 84º da República.

EMÍLIO G. MEDICI
Antônio Delfim Netto

20. CONTRATO DE COMISSÃO MERCANTIL

- **20.1.** Conceito e partes
- **20.2.** Pioneirismo do contrato
- **20.3.** Deveres e responsabilidades do comissário
- **20.4.** Direitos do comissário
- **20.5.** Cláusula *del credere*
- **20.6.** Código Civil: contrato de comissão

20.1. Conceito e partes

Anteriormente ao Código Civil de 2002 havia duas regulamentações para o contrato de comissão: uma que era dada pelo Código Civil e outra pelo Código Comercial. O Código Civil regulamentava o contrato de comissão utilizado na área civil, entre pessoas privadas; o Código Comercial regulava o contrato de comissão mercantil, utilizado na área empresarial, ou para fins empresariais, como as vendas mercantis. Todavia, o novo Código Civil unificou o direito privado, também chamado cível, este designando o Direito Civil e o Direito Comercial. O Código Comercial foi eliminado, desaparecendo a dupla regulamentação.

O fato de não haver divisão legislativa desse contrato não quer dizer que não haja divisão doutrinária. Existem realmente dois contratos: o de *concessão civil* e o de *concessão mercantil*, mas ambos têm a mesma legislação básica, que é a do Código Civil, nos arts. 693 a 709, vindo no Capítulo XI, anterior ao Capítulo XII, que é o dos contratos de agência e distribuição. Subsidiariamente, se aplicam ao contrato de comissão mercantil as normas atinentes ao mandato e aos demais contratos de colaboração empresarial para força de vendas. Aliás, o Código Civil regula, de forma enfileirada, quatro contratos de colaboração de vendas:

Cap. X – arts. 653 a 692 – Mandato;
Cap. XI – arts. 693 a 709 – Comissão;
Cap. XII – arts. 710 a 721 – Agência e Distribuição;
Cap. XIII – arts. 722 a 729 – Corretagem.

Deixaremos de lado, neste compêndio, o exame dos contratos de corretagem e de franquia, também considerados como de colaboração de vendas, pois esses contratos possuem características muito peculiares, exigindo estudo próprio.

A comissão civil é aplicada em inúmeras operações de natureza civil, não empresarial e geralmente de curto prazo, mas iremos tratar da comissão mercantil, de caráter empresarial, como atividade organizada e duradoura para colocação de bens nas mãos do consumidor.

As partes desse contrato são chamadas de comissário e comitente. Comitente é o produtor ou fornecedor dos produtos a serem distribuídos pelo comissário. É uma empresa, geralmente, de natureza mercantil. Ele é dotado de mais prerrogativas e poderes do que o representado no contrato de representação comercial. Nota-se, na lei, forte tutela de seus interesses ante o comissário. Salvo disposição em contrário, pode o comitente, a qualquer tempo, alterar as instruções dadas ao comissário, entendendo-se por elas regidos também os negócios pendentes.

O comissário se obriga a praticar atos por conta do comitente, porém, os pratica em nome próprio. Esses atos, no que tange à comissão mercantil, são atos de venda de mercadorias, que o Código Civil chama de bens, conforme se vê no art. 693, que abre o capítulo referente à comissão:

> *O contrato de comissão tem por objeto a aquisição ou venda de bens pelo comissário, em seu próprio nome, à conta do comitente.*

Não julgamos apropriada a expressão *bens*, sendo preferível adotar *mercadorias*. No Direito Romano, o termo *bens* abrangia tudo que pudesse satisfazer às necessidades humanas. No moderno Direito, tem o mesmo sentido, abrangendo, por exemplo, os bens intelectuais, tais como os examinados pelo Direito da Propriedade Industrial (marcas, patentes, invenções e outros). A honra, o bom conceito, a tradição também são bens. Os contratos de colaboração empresarial para força de vendas não se ocupam desse tipo de bens, mas de mercadorias. Oriundo de *merx/mercis/mercari*, o termo mercadorias refere-se a coisas concretas, destinadas a operações mercantis. São realmente *bens*, mas bens concretos e caracterizados pela sua finalidade, que é a de serem levados às mãos dos consumidores. São coisas móveis, não se incluindo os imóveis, embora estes possam também ser vendidos, mas não foram criados para o fim empresarial. A comissão civil, todavia, poderá se ocupar de bens imóveis ou imateriais. Não se compreendem aqui os bens *extracommercium*, uma vez que não se destinam à venda

O comitente deve ser uma empresa, mas o comissário, nem sempre. O comissário mercantil é normalmente uma empresa, embora não necessariamente. O comissário civil não é geralmente uma empresa, pode ser uma pessoa natural, tanto que o art. 702 diz que, no caso de morte do comissário, ou quando, por motivo de força maior, não puder concluir o negócio, será devida pelo comitente uma remuneração proporcional aos trabalhos realizados. Se o código fala na *morte do comissário*, diz implicitamente que pode ser pessoa natural.

20.2. Pioneirismo do contrato

O contrato de comissão, em nossos dias, não tem muita importância e aplicação, mas já foi predominante no passado, antes que surgisse a Lei 4.886/65, que regulamentou o contrato de representação comercial e outros contratos derivados. Ele foi o núcleo dos contratos de colaboração empresarial para força de vendas, e todos eles conservaram suas características.

Tem, entretanto, muita aplicação nos contratos de Bolsa, como na BOVESPA – Bolsa de Valores Mobiliários de São Paulo, e na Bolsa de Cereais. Assim age a Corretora de Valores Mobiliários ou a Corretora de Cereais. Elas operam nas respectivas Bolsas em nome de seu cliente, vendendo e comprando. Por exemplo:

quem quiser adquirir ações de determinada S.A encarrega uma Corretora de Valores Mobiliários para fazer essa aquisição, pois só ela pode operar na Bolsa. Vice-versa, se uma S.A quiser vender suas ações na Bolsa, deverá encarregar a Corretora de Valores Mobiliários para vender essas ações. Não precisa ser apenas na Bolsa de Valores Mobiliários, mas poderá vender aos interessados diretamente no mercado de balcão; dá autorização para uma Distribuidora de Valores Mobiliários para que promova a venda das ações no mercado direto de consumo. Essas compras e vendas são decorrentes de contratos de comissão mercantil.

20.3. Deveres e responsabilidades do comissário

Conforme foi dito, o comissário contrata em seu nome, embora por conta do comitente. Assim sendo, cabe a ele contatar a clientela, estabelecer contratos com ela e lhes vender a mercadoria; se a venda apresentar falhas, o comprador exigirá reparação do comissário e não do comitente, que, às vezes, nem sequer conhece. O dever de responder pela venda é imposto claramente pelo art. 694 do Código Civil: o comissário fica diretamente obrigado para com as pessoas com quem contratar, sem que estas tenham ação contra o comitente, nem este contra elas, salvo se o comissário ceder seus direitos a qualquer das partes.

Embora ele tenha ação direta com o comprador (consumidor) e a operação de vendas seja entre eles dois, não é desvinculado do comitente, ante o qual responde por várias obrigações e fica subordinado às instruções deste. Por este motivo, a remuneração do comissário é maior do que a do representante comercial autônomo; este apanha o pedido de compra e o encaminha ao representado, enquanto o comissário tem maior vinculação com o comitente, seguindo instruções deste.

Presume-se o comissário autorizado a conceder dilação do prazo para pagamento, na conformidade dos usos do lugar onde se realizar o negócio, se não houver instruções diversas do comitente. Se houver instruções do comitente proibindo prorrogação de prazos para pagamento, ou se esta não for conforme os usos locais, poderá o comitente exigir que o comissário pague incontinente ou responda pelas consequências da dilação concedida. Procede-se de igual modo se o comissário não der ciência ao comitente dos prazos concedidos e de quem é seu beneficiário.

O comissário é obrigado a agir em conformidade com as ordens e instruções do comitente, devendo, na falta destas, não podendo pedi-las a tempo, proceder segundo os usos em casos semelhantes. Ter-se-ão por justificados os atos do comissário se deles houver resultado vantagem para o comitente, e ainda no caso em que, não admitindo demora a realização do negócio, o comissário agir de acordo com os usos.

No desempenho de suas incumbências, o comissário é obrigado a agir com cuidado e diligência, não só para evitar qualquer prejuízo ao comitente, mas ainda para lhe proporcionar o lucro que razoavelmente se pode esperar do negócio. Responderá o comissário, salvo motivo de força maior, por qualquer prejuízo que, por ação ou omissão, ocasionar ao comitente.

20.4. Direitos do comissário

Se a lei carrega o comissário de deveres e responsabilidades, assegura-lhe certos direitos, mas não há muito equilíbrio entre deveres e direitos. Naturalmente, o direito primordial do comissário é o recebimento da remuneração pela atividade executada, já que ele é um profissional e sua atividade é de natureza empresarial, visando consequentemente ao lucro. Se a sua comissão não tiver sido estabelecida minuciosamente no contrato, será ela arbitrada segundo os usos correntes no lugar. Será, porém, de toda conveniência que a remuneração seja estabelecida no contrato, de forma cabal e clara, com todos os pormenores, sem deixar margem a dúvidas que depois possam ser discutidas.

Ainda que seja retirada do comissário a outorga da comissão, e ainda que ele tenha dado motivo à dispensa, ele terá o direito a ser remunerado pelos serviços úteis prestados ao comitente, ressalvado a este o direito de exigir daquele os prejuízos sofridos. Diz textualmente o art. 705 que, se o comissário for *despedido sem justa causa,* terá direito a ser remunerado pelos trabalhos prestados, bem como a ser ressarcido pelas perdas e danos resultantes de sua *dispensa*.

Não é de se ver com bons olhos a linguagem utilizada pelo Código Civil: nos artigos 703 e 705, fala na **dispensa** do comissário; no art. 704, em ser **despedido por justa causa**. Os termos usados têm o ranço trabalhista; é linguagem própria do Direito do Trabalho. Há um contrato entre comitente e comissário; se o comitente pretende revogar a comissão dada, deve propor ao comissário a resilição do contrato, ou seja, o distrato. Se houve lesão ao contrato, vale dizer, se o comissário deu causa ao rompimento, cometendo infrações, o comitente poderá denunciar o contrato, pedindo a rescisão, cumulada com a possível indenização por perdas e danos. Por outro lado, se o comissário quiser romper o contrato, não vai **pedir demissão do cargo**, pedirá a rescisão do contrato.

Para o reembolso das despesas feitas, bem como para recebimento das comissões devidas, tem o comissário direito de retenção sobre os bens e valores em seu poder, em virtude da comissão.

20.5. Cláusula *del credere*

Ao contrário do contrato de representação comercial, que não permite a cláusula *del credere*, o contrato de comissão mercantil admite a existência desta cláusula. Pela cláusula *del credere*, o comissário responde pela solvabilidade do pagamento. Se do contrato de comissão constar a cláusula *del credere*, responderá o comissário solidariamente com as pessoas com quem houver tratado em nome do comitente, caso em que, salvo estipulação em contrário, o comissário tem direito a remuneração mais elevada, para compensar o ônus assumido.

Vamos ressaltar que não figura nas obrigações do comissário a responsabilidade pela solvência do comprador; este deve responder ou cobrar diretamente do comitente; por isso, o comissário não responde pela insolvência das pessoas com quem tratar. A situação se modifica se houver a cláusula *del credere*, em que o comissário assumirá responsabilidade solidária com as pessoas que com ele contratou.

20.6. Código Civil: Contrato de Comissão

Art. 693. O contrato de comissão tem por objeto a aquisição ou a venda de bens pelo comissário, em seu próprio nome, à conta do comitente.

Art. 694. O comissário fica diretamente obrigado para com as pessoas com quem contratar, sem que estas tenham ação contra o comitente, nem este contra elas, salvo se o comissário ceder seus direitos a qualquer das partes.

Art. 695. O comissário é obrigado a agir em conformidade com as ordens e instruções do comitente, devendo, na falta destas, não podendo pedi-las a tempo, proceder segundo os usos em casos semelhantes.
Parágrafo único. Ter-se-ão por justificados os atos do comissário, se deles houver resultado vantagem para o comitente, e ainda no caso em que, não admitindo demora a realização do negócio, o comissário agir de acordo com os usos.

Art. 696. No desempenho das suas incumbências, o comissário é obrigado a agir com cuidado e diligência, não só para evitar qualquer prejuízo ao comitente, mas ainda para lhe proporcionar o lucro que razoavelmente se podia esperar do negócio.
Parágrafo único. Responderá o comissário, salvo motivo de força maior, por qualquer prejuízo que, por ação ou omissão, ocasionar ao comitente.

Art. 697. O comissário não responde pela insolvência das pessoas com quem tratar, exceto em caso de culpa e no do artigo seguinte.

Art. 698. Se do contrato de comissão constar a cláusula *del credere*, responderá o comissário solidariamente com as pessoas com quem houver tratado em nome do comitente, caso em que, salvo estipulação em contrário, o comissário tem direito a remuneração mais elevada, para compensar o ônus assumido.

Art. 699. Presume-se o comissário autorizado a conceder dilação do prazo para pagamento, na conformidade dos usos do lugar onde se realizar o negócio, se não houver instruções diversas do comitente.

Art. 700. Se houver instruções do comitente proibindo prorrogação de prazos para pagamento, ou se esta não for conforme os usos locais, poderá o comitente exigir que o comissário pague incontinente ou responda pelas consequências da dilação concedida, procedendo-se de igual modo se o comissário não der ciência ao comitente dos prazos concedidos e de quem é seu beneficiário.

Art. 701. Não estipulada a remuneração devida ao comissário, será ela arbitrada segundo os usos correntes no lugar.

Art. 702. No caso de morte do comissário, ou quando, por motivo de força maior, não puder concluir o negócio, será devida pelo comitente uma remuneração proporcional aos trabalhos realizados.

Art. 703. Ainda que tenha dado motivo à dispensa, terá o comissário direito a ser remunerado pelos serviços úteis prestados ao comitente, ressalvado a este o direito de exigir daquele os prejuízos sofridos.

Art. 704. Salvo disposição em contrário, pode o comitente, a qualquer tempo, alterar as instruções dadas ao comissário, entendendo-se por elas regidos também os negócios pendentes.

Art. 705. Se o comissário for despedido sem justa causa, terá direito a ser remunerado pelos trabalhos prestados, bem como a ser ressarcido pelas perdas e danos resultantes de sua dispensa.

Art. 706. O comitente e o comissário são obrigados a pagar juros um ao outro; o primeiro pelo que o comissário houver adiantado para cumprimento de suas ordens; e o segundo pela mora na entrega dos fundos que pertencerem ao comitente.

Art. 707. O crédito do comissário, relativo a comissões e despesas feitas, goza de privilégio geral, no caso de falência ou insolvência do comitente.

Art. 708. Para reembolso das despesas feitas, bem como para recebimento das comissões devidas, tem o comissário direito de retenção sobre os bens e valores em seu poder em virtude da comissão.

Art. 709. São aplicáveis à comissão, no que couber, as regras sobre mandato.

21. CONTRATO DE MANDATO

21.1. Conceito e características
21.2. Tipos de mandato
21.3. Mandato *ad judicia*
21.4. O instrumento de mandato
21.5. Das obrigações do mandatário
21.6. Das obrigações do mandante
21.7. Da extinção do mandato
21.8. Código Civil: contrato de mandato

21.1. Conceito e características

O termo mandato tem vários significados, por ser utilizado com acepções diferentes. O que nos interessa neste momento é o mandato mercantil, com sentido bem restrito, mas devemos traçar condições genéricas para podermos ter compreensão do termo e do contrato, uma vez que o mandato, da mesma forma que a comissão mercantil, foi o embrião dos demais contratos de colaboração empresarial. Não é sem motivo que o Código Civil fala que as regras do mandato se aplicam à comissão mercantil (art. 709). Também a Lei 4.886/65, que regulamenta o contrato de representação comercial, faz essa referência no art. 1º, dizendo que se aplicam a ele os preceitos da legislação empresarial.

Também chama a atenção geral o cuidado e as minúcias observados na regulamentação que o Código Civil dá ao mandato, dedicando-lhe os arts. 653 a 692, em 40 artigos. A Lei 4.886/65 tem 47 artigos, enquanto a Lei 6.729/79 tem 32 artigos. Vê-se então que a regulamentação do mandato no Código Civil equivale a uma lei e se desenvolve em várias seções, a saber:

I – Disposições gerais – Arts. 653 a 666;
II – Das obrigações do mandatário – Arts. 667 a 674;
III – Das obrigações do mandante – Arts. 675 a 681;
IV – Da extinção do mandato – Arts. 682 a 691.

Conceitualmente, o mandato é um contrato que poderá ser civil ou mercantil. É celebrado entre duas partes: o mandante e o mandatário, sendo, portanto, bilateral, no sentido de ter duas partes. Por esse contrato, o mandante confere poderes ao mandatário, para que este pratique atos ou administre interesses em nome do mandante. Nota-se que há um paralelo entre o mandato mercantil e a comissão mercantil, mas há também diferenças; a diferença básica é que o mandatário pratica atos em nome do mandante, enquanto o comissário pratica atos em nome próprio. Esta consideração consta do art. 653 do Código Civil:

> *Opera-se o mandato quando alguém recebe de outrem poderes para, em seu nome, praticar atos ou administrar interesses. A procuração é o instrumento do mandato.*

Julgamos marota a expressão **em seu nome**, usada neste artigo. É uma das poucas falhas de clareza que nosso Código Civil apresenta. "Em seu nome" é em nome de quem? A nosso ver, pode ser de um ou de outro, pois esses pronomes, *seu, sua, seus, suas*, são traiçoeiros. Veja-se esta frase: *O policial prendeu o ladrão em sua casa*; "sua casa" pode ser de um ou de outro. A mesma dúvida é a que consta no art. 653.

Sempre que o mandatário estipular negócios expressamente em nome do mandante, será este o único responsável; ficará, porém, o mandatário pessoalmente obrigado, se agir no seu próprio nome, ainda que o negócio seja de conta do mandante. O mandatário tem o direito de reter, do objeto da operação que lhe foi cometida, quanto baste para pagamento de tudo quanto lhe for devido em consequência do mandante.

O mandatário que exceder os poderes do mandato, ou proceder contra eles, será considerado mero gestor de negócios, enquanto o mandante lhe não ratificar os atos.

O maior de 16 anos e menor de 18 anos não emancipado pode ser mandatário, mas o mandante não tem ação contra ele senão em conformidade com as regras gerais, aplicáveis às obrigações contraídas por menores. Se o mandante nomeia um menor como seu mandatário, deveria saber se este é capaz ou não, e se ele não assume responsabilidade pela prática de atos mercantis ou de disposição patrimonial. Não poderá depois responsabilizá-lo por atos que autorizou a praticar. Da mesma forma aconteceria com um representante comercial autônomo que recebesse procuração do representado, sendo menor.

21.2. Tipos de mandato

O mandato pode ser expresso ou tácito, verbal ou escrito. Ao se dizer que a procuração é o instrumento do mandato, parece que todo mandato deva ser instrumentalizado pela procuração, mas o art. 656 diz que o mandato pode ser tácito ou verbal; deve-se entender que a procuração é facultativa, a não ser que a lei a exija, como no mandato *ad judicia*. Portanto, não se admite mandato verbal quando o ato para o qual ele é dado deva ser celebrado por escrito. Porém, a outorga do mandato está sujeita à forma exigida por lei para o ato a ser praticado. Assim, por exemplo, a venda de um imóvel deve ser formalizada por instrumento público, segundo a lei; portanto, a procuração para a venda de um imóvel também deve ser formalizada por instrumento público. Devemos, então, interpretar que, se o mandato for outorgado por procuração, esta deva ser elaborada de acordo com a lei.

Sob outro ponto de vista, o mandato pode ser gratuito ou oneroso; o mandato mercantil é sempre oneroso, e o mandato civil pode ser gratuito ou oneroso. O mandato presume-se gratuito quando não houver sido estipulada retribuição, exceto se o seu objeto corresponder ao daqueles que o mandatário trata por ofício ou profissão lucrativa. Assim sendo, o mandato outorgado a um representante comercial autônomo será mercantil e oneroso; da mesma forma, se o mandato constar na comissão mercantil. Se o mandato for oneroso, dará ao mandatário a retribuição prevista em lei ou no contrato. Sendo estes omissos, será ela determinada pelos usos do lugar ou por arbitramento.

O mandato se aperfeiçoa pela aceitação pelo mandatário. A aceitação do mandato pode ser tácita e resulta do começo de execução.

21.3. O mandato *ad judicia*

Para termos noção mais precisa e clara a respeito do mandato, podemos examinar o mandato outorgado a um advogado pelo seu cliente, para defender seus interesses em juízo. O advogado é o mandatário, pois recebe poderes do cliente para, em nome deste, praticar atos judiciais, vale dizer, acionar o processo. O advogado pratica atos judiciais, como requerer uma intimação, praticando-os, todavia, em nome do cliente. Não é o advogado que pratica atos, mas o cliente, por intermédio do advogado.

Trata-se, neste caso, de mandato formal, solene, ou seja, revestido das formalidades legais. Ele é obrigatório, isto é, o advogado só poderá agir em juízo se tiver o mandato instrumentalizado na procuração. É um mandato expresso, escrito. O mandato *ad judicia* é também chamado de mandato judicial, pois só é utilizado em juízo. O mandato judicial fica então subordinado às normas que lhe dizem respeito, constantes do Código Civil e do Código de Processo Civil, bem como da Lei 8.906/94, que dispõe sobre a OAB e seu estatuto.

21.4. O instrumento de mandato

A lei declara que a procuração é o instrumento de mandato. Há, portanto, dois documentos: o contrato de mandato e a procuração; o contrato de mandato é o acordo entre o mandante e o mandatário, sendo documento interno entre os dois; a procuração decorre do contrato e tem efeitos externos, vale dizer, perante terceiros.

Todas as pessoas capazes são aptas para dar procuração mediante instrumento particular, que valerá desde que tenha a assinatura do outorgante. O instrumento particular deve conter a indicação do lugar onde foi passado, a qualificação do outorgante e do outorgado, a data e o objetivo da outorga, com a designação e a extensão dos poderes conferidos. O terceiro com quem o mandatário tratar poderá exigir que a procuração traga a firma reconhecida.

A procuração deve ser passada por instrumento particular ou por instrumento público. Ainda quando se outorgue mandato por instrumento público, pode-se subestabelecer mediante instrumento particular. O subestabelecimento é a transferência, feita pelo mandatário, dos poderes que lhe foram conferidos pelo mandante; é a substituição do mandatário por outro. O subestabelecimento pode ser com reserva de iguais poderes ou sem reserva; no primeiro caso, o mandatário subestabelece os poderes para novo mandatário, conservando-os para si, de tal forma que haverá dois mandatários. O subestabelecimento sem reservas é a transferência total dos poderes para outro mandatário, retirando-se o antigo da relação contratual.

Se não houver contrato de mandato, como se fosse feito verbalmente, a procuração equivale ao contrato, que passa a ser escrito, uma vez que não há procuração verbal.

O mandato pode ser especial a um ou mais negócios determinadamente, ou geral a todos os do mandante. Por exemplo: uma empresa de São Paulo outorga ao seu representante comercial em Fortaleza, para que ele alugue um imóvel para seu armazém naquela cidade; o mandatário não pode praticar outros atos a não ser este que consta no mandato. O mandato em termos gerais só confere poder de administração.

Para alienar, hipotecar ou praticar outros quaisquer atos que exorbitem da administração ordinária, depende a procuração de poderes especiais e expressos. O poder de transigir não importa o de firmar compromisso.

21.5. Das obrigações do mandatário

O mandatário é obrigado a aplicar toda sua diligência habitual na execução do mandato e a indenizar qualquer prejuízo causado por culpa sua, ou daquele a quem subestabelecer sem autorização poderes que devia exercer pessoalmente. Se, não obstante proibição do mandante, o mandatário se fizer substituir na execução do mandato, responderá ao seu constituinte pelos prejuízos ocorridos sob a gerência do substituto, embora provenientes de caso fortuito, salvo provando que o caso teria sobrevivido, ainda que não tivesse havido subestabelecimento.

Havendo poderes de subestabelecer, só serão imputáveis ao mandatário os danos causados pelo subestabelecido se tiver agido com culpa na escolha deste ou nas instruções dadas a ele. Se a proibição de subestabelecer constar da procuração, os atos praticados pelo subestabelecido não obrigam o mandante, salvo ratificação expressa, que retroagirá à data do ato. Sendo omissa a procuração quanto ao subestabelecimento, o procurador será responsável se o subestabelecido proceder culposamente.

O mandatário é obrigado a dar contas de sua gerência ao mandante, transferindo-lhe as vantagens provenientes do mandato, por qualquer título que seja. O mandatário não pode compensar os prejuízos a que deu causa com os proveitos que, por outro lado, tenha granjeado ao seu constituinte. Pelas somas que devia entregar ao mandante ou recebeu para despesa, mas empregou em proveito seu, pagará ao mandatário juros, desde o momento em que abusou.

Se o mandatário, tendo fundos ou crédito do mandante, comprar, em nome próprio, algo que deverá comprar para o mandante, por ter sido expressamente designado no mandato, terá este ação para obrigá-lo à entrega da coisa comprada.

Sendo dois ou mais mandatários nomeados no mesmo instrumento, qualquer deles poderá exercer os poderes outorgados, se não forem expressamente declarados conjuntos, nem especificamente designados para atos diferentes, ou subordinados a atos sucessivos. Se os mandatários forem declarados conjuntos, não terá eficácia o ato praticado sem interferência de todos, salvo havendo ratificação, que retroagirá à data do ato.

O terceiro que, depois de conhecer os poderes do mandatário, com ele celebrar negócio jurídico exorbitante do mandato, não tem ação contra o mandatário, salvo se este lhe prometeu ratificação do mandante ou se responsabilizou pessoalmente.

Embora ciente da morte, interdição ou mudança de Estado do mandante, deve o mandatário concluir o negócio já começado, se houver perigo na demora.

21.6. Das obrigações do mandante

O mandante é obrigado a satisfazer a todas as obrigações contraídas pelo mandatário, na conformidade do mandato conferido, e adiantar a importância das despesas necessárias à execução dele, quando o mandatário lhe pedir.

É obrigado o mandante a pagar ao mandatário a remuneração ajustada e as despesas da execução do mandato, ainda que o negócio não surta o esperado efeito, salvo tendo o mandatário culpa. As somas adiantadas pelo mandante para a execução do mandato vencem juros desde a data do desembolso.

O mandante é igualmente obrigado a ressarcir ao mandatário as perdas que este sofrer com a execução do mandato, sempre que não resultem de culpa sua ou de excesso de poderes.

Ainda que o mandatário contrarie as instruções do mandante, se não exceder os limites do mandato, ficará o mandante obrigado para com aqueles com quem o seu procurador contratou. Porém, haverá contra este ação pelas perdas e danos resultantes da inobservância das instruções.

Se o mandato for outorgado por duas ou mais pessoas, e para negócio comum, cada uma ficará solidariamente responsável ao mandatário por todos os compromissos e efeitos do mandato, salvo direito regressivo, pelas quantias que pagar, contra os outros mandantes.

O mandatário tem sobre a coisa de que tenha posse, em virtude do mandato, direito de retenção, até reembolsar do que no desempenho do encargo despendeu.

21.7. Da extinção do mandato

É bem fértil o terreno para discussões no que tange às causas extintivas do mandato, em vista do fator confiança que bem o caracteriza, e outros fatores. As causas extintivas aplicáveis ao mandato estão elencadas em quatro incisos do art. 682 do Código Civil, mas cada uma delas comporta muitas variantes, como a existência da cláusula de irrevogabilidade, se foi mandato em causa própria, e a maior liberdade das partes em dar fim ao contrato, se o mandato é tácito ou expresso, e outros fatores.

1. *Morte de uma das partes*

O mandato é um contrato personalíssimo, *intuitu personae*, e repousa na confiança, mormente do mandante no mandatário. Se morre o mandatário, a confiança do mandante não se transmite a terceiros; não há sucessão da confiança. O brocardo romano *mors omnia solvit* = "a morte dá fim a tudo" nem sempre vigora, tanto que o Direito das Sucessões começa com a morte.

Contudo, no que tange ao mandato, a morte e a interdição de uma das partes são fatais para a sobrevivência do contrato. Além disso, a morte do mandatário implica a impossibilidade física de execução do mandato e, com isso, ele se resolve inexoravelmente. A morte do mandante tira a representação por ele outorgada ao mandatário; ele não pode dar ordens e instruções nem delegar funções.

São válidos, a respeito dos contratantes de boa-fé, os atos com estes ajustados em nome do mandante pelo mandatário, enquanto este ignorar a morte daquele ou a extinção do mandato, por qualquer outra causa. Se falecer o mandatário, pendente o negócio a ele cometido, os herdeiros, tendo ciência do mandato, avisarão o mandante e providenciarão a bem dele, como as circunstâncias exigirem. Os herdeiros, neste caso, devem limitar-se às medidas conservatórias ou continuar os negócios pendentes que não possam demorar sem perigo, regulando-se os seus serviços dentro desse limite, pelas mesmas normas a que os do mandatário estão sujeitos.

2. *Revogação pelo mandante*

Sendo o mandato contrato personalíssimo e baseado na fidúcia, a perda da confiança ou do interesse do mandante pela manutenção do contrato é justo motivo para que ele revogue a outorga dos poderes do mandatário, independentemente deste haver dado causa. O mandante manifesta declaração unilateral de vontade, revogando sua antiga decisão. A revogação unilateral de contrato afronta o direito, mas, tratando-se de contrato de mandato, depósito e comodato, de cunho personalíssimo e fundado na estrita confiança, ainda que não haja cláusula de revogabilidade, é possível. Aliás, a lei o permite, e o inciso I do art. 682 diz textualmente: *Cessa o mandato pela revogação ou pela renúncia.*

Não há necessidade de justa causa; é denúncia vazia ou motivada, pois cabe ao mandante decidir. A denúncia por escrito que o mandante deve fazer ao mandatário é ato posterior à decisão.

Se for conferido o mandato com a cláusula em causa própria, a sua revogação não terá eficácia nem se extinguirá pela morte das partes, ficando o mandatário dispensado de prestar contas; e poderá transferir para si os bens móveis ou imóveis objetos do mandato, obedecidas as formalidades legais.

3. *Pela renúncia do mandatário*

Da mesma forma que a revogação, a renúncia ao mandato pelo mandatário também pode ocorrer, devendo este notificar por escrito o mandante. É também ato de resilição do contrato, ou seja, sem que tenha havido lesão ao contrato. O mandatário tem o direito, por declaração unilateral de vontade, de abdicar dos poderes que lhe foram outorgados pelo mandante.

Há, entretanto, séria responsabilidade do mandatário pela sua decisão se for em momento inoportuno, que possa causar prejuízos ao mandante, como na véspera de realização de um negócio lucrativo. A renúncia do mandato será comunicada ao mandante que, se for prejudicado pela sua inoportunidade, ou pela falta de tempo, a fim de prover a substituição do procurador, será indenizado pelo mandatário, salvo se este provar que não podia continuar no mandato sem prejuízo considerável e que não lhe era dado subestabelecer.

4. *Resilição bilateral*

É caso de revogação mútua. As duas partes, mandante e mandatário, revogam o ato que praticaram, desfazendo o trato; é por isso também chamado de distrato. Geralmente, não há revogação unilateral nem renúncia unilateral. Por prudência e bom-senso, as duas partes propõem a revogação do contrato por mútuo acordo. Assim, desfazem as dúvidas e acertam as contas, não deixando problemas a serem resolvidos. O distrato segue a regra costumeira: as obrigações se desfazem da mesma forma por que foram constituídas. Se o mandato foi constituído verbalmente, pode ser cancelado verbalmente; se tiver sido por escrito, deve ser cancelado por escrito.

5. *Pela conclusão do negócio*

Ocorre esta causa quando o mandato se esgota pelo seu cumprimento, pois o mandatário cumpriu a função que lhe foi conferida em caráter transitório. É o caso, por exemplo, de uma indústria de roupas que tinha um estoque sobrando; encarrega um varejista, em certa cidade, de vender esse estoque. O varejista vende a mercadoria, paga o fornecedor e, assim, o contrato se cumpriu e esgotou-se; nada mais resta a fazer, e nenhuma outra relação existe entre as partes. É a resolução do contrato em vista dele se ter realizado. O objetivo do contrato foi atingido e realizou-se, dando azo ao seu fim.

Vamos citar como outro exemplo o mandato *ad judicia*: o cliente dá procuração ao seu advogado para representá-lo em determinado processo. O processo se extingue e, com ele, o mandato. Se houver outro processo, o cliente precisará conferir outro mandato ao seu advogado, pois o primeiro se extinguiu.

Outro exemplo ainda: o mandante confere mandato ao seu representante em certa cidade para concluir a venda de um imóvel; este imóvel é vendido e a venda registrada no cartório; o mandante recebe o dinheiro da venda e dá comissão ao mandatário. O mandante teve seu interesse cumprido e as partes se desvincularam do liame obrigacional. Não há mais mandato.

6. *Pelo fim do prazo*

Acontece quando for mandato com prazo certo; findo este prazo, ele vence e se resolve. Digamos que um fornecedor de bebidas encarregue um revendedor de vender 500 caixas de bebidas numa cidade, no prazo de 120 dias. Decorrido esse prazo, sem o cumprimento da função do mandatário, o mandato perde seu sentido e se resolve. Não houve infração ao contrato, mas ele continha cláusula resolutiva que, não sendo cumprida, automaticamente se resolveu o contrato.

21.8. Código Civil: contrato de mandato

Art. 653. Opera-se o mandato quando alguém recebe de outrem poderes para, em seu nome, praticar atos ou administrar interesses. A procuração é o instrumento do mandato.

Art. 654. Todas as pessoas capazes são aptas para dar procuração mediante instrumento particular, que valerá desde que tenha a assinatura do outorgante.
§ 1º – O instrumento particular deve conter a indicação do lugar onde foi passado, a qualificação do outorgante e do outorgado, a data e o objetivo da outorga com a designação e a extensão dos poderes conferidos.
§ 2º – O terceiro com quem o mandatário tratar poderá exigir que a procuração traga a firma reconhecida.

Art. 655. Ainda quando se outorgue mandato por instrumento público, pode subestabelecer-se mediante instrumento particular.

Art. 656. O mandato pode ser expresso ou tácito, verbal ou escrito.

Art. 657. A outorga do mandato está sujeita à forma exigida por lei para o ato a ser praticado. Não se admite mandato verbal quando o ato deva ser celebrado por escrito.

Art. 658. O mandato presume-se gratuito quando não houver sido estipulada retribuição, exceto se o seu objeto corresponder ao daqueles que o mandatário trata por ofício ou profissão lucrativa.
Parágrafo único. Se o mandato for oneroso, caberá ao mandatário a retribuição prevista em lei ou no contrato. Sendo

estes omissos, será ela determinada pelos usos do lugar, ou, na falta destes, por arbitramento.

Art. 659. A aceitação do mandato pode ser tácita e resulta do começo de execução.

Art. 660. O mandato pode ser especial a um ou mais negócios determinadamente, ou geral a todos os do mandante.

Art. 661. O mandato em termos gerais só confere poderes de administração.
§ 1º – Para alienar, hipotecar, transigir ou praticar outros quaisquer atos que exorbitem da administração ordinária, depende a procuração de poderes especiais e expressos.
§ 2º – O poder de transigir não importa o de firmar compromisso.

Art. 662. Os atos praticados por quem não tenha mandato, ou o tenha sem poderes suficientes, são ineficazes em relação àquele em cujo nome foram praticados, salvo se este os ratificar.
Parágrafo único. A ratificação há de ser expressa, ou resultar de ato inequívoco, e retroagirá à data do ato.

Art. 663. Sempre que o mandatário estipular negócios expressamente em nome do mandante, será este o único responsável; ficará, porém, o mandatário pessoalmente obrigado, se agir no seu próprio nome, ainda que o negócio seja de conta do mandante.

Art. 664. O mandatário tem o direito de reter, do objeto da operação que lhe foi cometida, quanto baste para pagamento de tudo que lhe for devido em consequência do mandato.

Art. 665. O mandatário que exceder os poderes do mandato, ou proceder contra eles, será considerado mero gestor de negócios enquanto o mandante lhe não ratificar os atos.

Art. 666. O maior de 16 e menor de 18 anos não emancipado pode ser mandatário, mas o mandante não tem ação contra ele senão de conformidade com as regras gerais, aplicáveis às obrigações contraídas por menores.

Seção II
Das Obrigações do Mandatário

Art. 667. O mandatário é obrigado a aplicar toda sua diligência habitual na execução do mandato e a indenizar qualquer prejuízo causado por culpa sua ou daquele a quem subestabelecer, sem autorização, poderes que devia exercer pessoalmente.

§ 1º – Se, não obstante proibição do mandante, o mandatário se fizer substituir na execução do mandato, responderá ao seu constituinte pelos prejuízos ocorridos sob a gerência do substituto, embora provenientes de caso fortuito, salvo provando que o caso teria sobrevindo, ainda que não tivesse havido subestabelecimento.

§ 2º – Havendo poderes de subestabelecer, só serão imputáveis ao mandatário os danos causados pelo subestabelecido se tiver agido com culpa na escolha deste ou nas instruções dadas a ele.

§ 3º – Se a proibição de subestabelecer constar da procuração, os atos praticados pelo subestabelecido não obrigam o mandante, salvo ratificação expressa, que retroagirá à data do ato.

§ 4º – Sendo omissa a procuração quanto ao subestabelecimento, o procurador será responsável se o subestabelecido proceder culposamente.

Art. 668. O mandatário é obrigado a dar contas de sua gerência ao mandante, transferindo-lhe as vantagens provenientes do mandato, por qualquer título que seja.

Art. 669. O mandatário não pode compensar os prejuízos a que deu causa com os proveitos que, por outro lado, tenha granjeado ao seu constituinte.

Art. 670. Pelas somas que devia entregar ao mandante ou recebeu para despesa, mas empregou em proveito seu, pagará o mandatário juros, desde o momento em que abusou.

Art. 671. Se o mandatário, tendo fundos ou crédito do mandante, comprar, em nome próprio, algo que deveria comprar para o mandante, por ter sido expressamente designado no mandato, terá este ação para obrigá-lo à entrega da coisa comprada.

Art. 672. Sendo dois ou mais os mandatários nomeados no mesmo instrumento, qualquer deles poderá exercer os poderes outorgados, se não forem expressamente declarados conjuntos, nem especificamente designados para atos diferentes, ou subordinados a atos sucessivos. Se os mandatários forem declarados conjuntos, não terá eficácia o ato praticado sem interferência de todos, salvo havendo ratificação, que retroagirá à data do ato.

Art. 673. O terceiro que, depois de conhecer os poderes do mandatário, com ele celebrar negócio jurídico exorbitante do mandato, não tem ação contra o mandatário, salvo se este lhe prometeu ratificação do mandante ou se responsabilizou pessoalmente.

Art. 674. Embora ciente da morte, interdição ou mudança de estado do mandante, deve o mandatário concluir o negócio já começado, se houver perigo na demora.

Seção III
Das Obrigações do Mandante

Art. 675. O mandante é obrigado a satisfazer a todas as obrigações contraídas pelo mandatário, na conformidade do mandato conferido, e adiantar a importância das despesas necessárias à execução dele, quando o mandatário lho pedir.

Art. 676. É obrigado o mandante a pagar ao mandatário a remuneração ajustada e as despesas da execução do mandato, ainda que o negócio não surta o esperado efeito, salvo tendo o mandatário culpa.

Art. 677. As somas adiantadas pelo mandatário, para a execução do mandato, vencem juros desde a data do desembolso.

Art. 678. É igualmente obrigado o mandante a ressarcir ao mandatário as perdas que este sofrer com a execução do mandato, sempre que não resultem de culpa sua ou de excesso de poderes.

Art. 679. Ainda que o mandatário contrarie as instruções do mandante, se não exceder os limites do mandato, ficará o mandante obrigado para com aqueles com quem o seu procurador contratou; mas terá contra este ação pelas perdas e danos resultantes da inobservância das instruções.

Art. 680. Se o mandato for outorgado por duas ou mais pessoas, e para negócio comum, cada uma ficará solidariamente responsável ao mandatário por todos os compromissos e efeitos do mandato, salvo direito regressivo, pelas quantias que pagar, contra os outros mandantes.

Art. 681. O mandatário tem sobre a coisa de que tenha a posse, em virtude do mandato, direito de retenção, até reembolsar o que no desempenho do encargo despendeu.

Seção IV
Da Extinção do Mandato

Art. 682. Cessa o mandato:
I – pela revogação ou pela renúncia;
II – pela morte ou interdição de uma das partes;
III – pela mudança de Estado que inabilite o mandante a conferir os poderes, ou o mandatário para os exercer;
IV – pelo término do prazo ou pela conclusão do negócio.

Art. 683. Quando o mandato contiver a cláusula de irrevogabilidade e o mandante o revogar, pagará perdas e danos.

Art. 684. Quando a cláusula de irrevogabilidade for condição de um negócio bilateral, ou tiver sido estipulada no exclusivo interesse do mandatário, a revogação do mandato será ineficaz.

Art. 685. Conferido o mandato com a cláusula "em causa própria", a sua revogação não terá eficácia nem se extinguirá pela morte de qualquer das partes, ficando o mandatário dispensado de prestar contas, podendo transferir para si os bens móveis ou imóveis objetos do mandato, obedecidas as formalidades legais.

Art. 686. A revogação do mandato, notificada somente ao mandatário, não se pode opor aos terceiros que, ignorando-a, de boa-fé com ele trataram; mas ficam salvas ao constituinte as ações que no caso lhe possam caber contra o procurador.
Parágrafo único. É irrevogável o mandato que contenha poderes de cumprimento ou confirmação de negócios encetados, aos quais se ache vinculado.

Art. 687. Tanto que, se for comunicada ao mandatário a nomeação de outro, para o mesmo negócio, considerar-se-á revogado o mandato anterior.

Art. 688. A renúncia do mandato será comunicada ao mandante que, se for prejudicado pela sua inoportunidade, ou pela falta de tempo, a fim de prover à substituição do procurador, será indenizado pelo mandatário, salvo se este provar que não podia continuar no mandato sem prejuízo considerável e que não lhe era dado subestabelecer.

Art. 689. São válidos, a respeito dos contratantes de boa-fé, os atos com estes ajustados em nome do mandante pelo mandatário, enquanto este ignorar a morte daquele ou a extinção do mandato, por qualquer outra causa.

Art. 690. Se falecer o mandatário, pendente o negócio a ele cometido, os herdeiros, tendo ciência do mandato, avisarão o mandante e providenciarão a bem dele, como as circunstâncias exigirem.

Art. 691. Os herdeiros, no caso do artigo antecedente, devem limitar-se às medidas conservatórias, ou continuar os negócios pendentes que se não possam demorar sem perigo, regulando-se os seus serviços dentro desse limite, pelas mesmas normas a que os do mandatário estão sujeitos.

Seção V
Do Mandato Judicial

Art. 692. O mandato judicial fica subordinado às normas que lhe dizem respeito, constantes da legislação processual e, supletivamente, às estabelecidas neste Código.

22. SOLUÇÃO SENSATA DE CONTROVÉRSIAS

22.1. O surgimento de litígios
22.2. Necessidade de fórmulas alternativas de solução de problemas
22.3. Características e vantagens da arbitragem
22.4. Tipos de arbitragem
22.5. Como se institui o juízo arbitral
22.6. O passivo judicial das empresas
22.7. A remuneração da arbitragem
22.8. As raízes brasileiras da arbitragem
22.9. As lições do passado

22.1. O surgimento de litígios

Cabe-nos levantar um problema que o mundo moderno reclama por uma resolução: como resolver os possíveis conflitos na área jurídica? E agora estamos tratando de controvérsias existentes ou que venham a existir no campo do Direito Contratual, mormente no que tange aos problemas referentes ao representante comercial autônomo e entre outros celebrantes de contratos de colaboração empresarial. Divergências entre pessoas envolvidas em torno de um contrato existem aos milhões e não deixarão de existir. O que, entretanto, é doloroso é ver como esses conflitos entre pessoas emperram a vida dos profissionais autônomos. E surgem não apenas no âmbito contratual, mas em todas as relações empresariais, econômicas, sociais e nas demais áreas das relações humanas. Tantos nomes surgiram para designar esses choques de opiniões: litígio, controvérsia, disputa, contenda, discussão, combate, choque, altercação, luta, rixa, lide, briga, querela, pendência, queixa, questão, problema.

Basta um olhar sobre a Bíblia. Deus colocou Adão e Eva no paraíso, mas eles tiveram tantos desacertos de opiniões até chegar ao da maçã que Deus não mais teve paciência, e o resultado do conflito foi a expulsão do paraíso. Adão e Eva tiveram, a princípio, dois filhos: Caim e Abel. Todos sabem o resultado dos entendimentos ou desentendimentos entre os dois irmãos.

Seguiu-se daí uma sucessão de gerações, mas sempre envolvidas em desentendimentos, em litígios, chegando ao mundo de hoje com o mesmo estado de espírito.

Na vida empresarial, e estamos agora tratando do âmbito especial das relações contratuais, idêntico fenômeno vem ocorrendo. Uma parceria de colaboração entre empresas e profissionais está constantemente às voltas com discussões, entre a empresa e seus empregados, terceiros, bancos que os servem, fornecedores, o Poder Público. No caso específico do representante comercial, haverá sempre divergências entre as partes. Esses litígios, estas discussões não chegam a ser considerados uma briga no seu sentido exato, mas diferentes pontos de vista; cada parte interpreta uma questão, um contrato, um problema sob o ponto de vista dos seus interesses. Por mais clara e objetiva que seja uma lei, por mais cuidadosa que seja a elaboração de um contrato, não será evitada a interpretação própria e particular de cada parte, pois cada uma delas olha a questão de forma distorcida pelo interesse. E assim os litígios surgem em vista das diferentes formas de se interpretar um problema.

22.2. Necessidade de fórmulas alternativas de solução de problemas

Se é certo que o ser humano sempre se envolveu em litígios, é igualmente certo que sempre procurou evitá-los, embora não o conseguisse. Sempre procurou encontrar fórmulas de resolução para esses litígios, até chegar ao sistema mais evoluído, que foi a jurisdição, promovida pelo Poder Público. Criou-se, para tanto, um poder: o Poder Judiciário. A Justiça Pública cumpriu o seu papel de órgão julgador das lides durante vinte séculos. De meio século para cá, todavia, a Justiça Pública começou a revelar sua inadequação ao mundo moderno; não conseguiu acompanhar os passos revolucionários dos problemas humanos e empresariais, deixando de resolver litígios e criando outros. O Poder Judiciário não foi preparado para enfrentar os novos problemas que estariam para surgir a partir da metade do século XX.

Logo após a sua constituição, a CCI – Câmara de Comércio Internacional instalou, em 1922, o seu mais importante órgão: a CIA – Corte Internacional de Arbitragem. Não se trata apenas da montagem de um órgão judicante, mas da implantação de um sistema judiciário, com regras e princípios definidos e consolidados. Surgiu assim a primeira corte arbitral, que há mais de 80 anos presta serviços na área internacional e também na vida interna dos países. Serve de modelo para a criação de inúmeras outras cortes pelo mundo.

Não há um poder judiciário internacional, a justiça pública universal. O foro competente para julgar questões internacionais, com predominância na área contratual, é estabelecido pelas próprias partes na cláusula de eleição de foro. No plano nacional, há certas limitações à eleição de foro pelas partes, pois o Código de Processo Civil impõe normas sobre o foro competente.

Nessas condições, empresas de países diferentes poderão celebrar contrato com a eleição do foro competente para dirimir quaisquer controvérsias entre elas perante a justiça de um dos países a que pertença algumas delas ou, então, no foro de qualquer dos países. Poderiam ainda concordar com que certas questões sejam resolvidas num país e outras em outro país. Entretanto, não seria apenas a escolha do foro a preocupação das empresas contratantes, mas também o Direito a ser aplicado: de um país ou de outro? Ambos ao mesmo tempo? De alguma convenção internacional? Dos costumes internacionais, como a *lex mercatoria*?

Outros problemas mais delicados envolvem a solução de litígios empresariais, quer internacionais, quer nacionais. As vias costumeiras de solução têm apresentado sensível inadequação para o exame de divergências entre empresas engajadas num contrato. Por estas e por outras razões, as normas internacionais penetram no Brasil, transformando-se em Direito nacional, como foi o caso da arbitragem.

A moderna vida empresarial, desenvolvida no mundo caracterizado pela produção em série, pela aplicação da tecnologia nas atividades produtivas, pela informática, pela era da globalização e crescente internacionalização das atividades empresariais, pela formação de inúmeros contratos novos e complexos, pela formação de blocos econômicos, como o MERCOSUL e a UNIÃO EUROPEIA, introduziu profundas modificações nas operações econômicas. Os modernos contratos empresariais desgarram-se dos modelos tradicionais criados pelo Direito romano. A cada dia que passa, alastra-se a aplicação do contrato de adesão, prática desconhecida há pouco tempo. Os contratos são híbridos, formados por pedaços de outros e cláusulas de moderna criação, como a "acceleration clause", de "hardiship", de "força maior". Basta examinar o "contrato de alienação fiduciária em garantia", calcado numa dezena de institutos jurídicos, mesmo tradicionais, mas de novos matizes. Os problemas são novos, imprevistos, inusitados.

Para a solução de problemas novos e inusitados, temos que criar mecanismos novos de solução. Não se pode resolver os modernos problemas empresariais utilizando-se de mecanismos seculares, criados para a resolução de conflitos empresariais do século passado. É preciso criar fórmulas alternativas de resolução de pendências, aliás, já em aplicação e desenvolvimento no Brasil e no restante do mundo, com pleno sucesso.

Tradicionalmente, o esquema de solução de lides é por meio da justiça pública, exercida pelo Poder Judiciário. O Direito em que se fulcra o julgamento judicial é o legislado, de inspiração romana, consubstanciado principalmente no antigo Código Comercial e no Código Civil. Esse esquema tradicional revela-se hoje inteiramente defasado, anacrônico e inadequado. Sua manutenção tem causado imensos prejuízos ao país, tornando a situação bastante grave, embora suportável. Dentro em breve, porém, a tolerância terá o seu fim. O Poder Judiciário no Brasil, como na maioria dos países, está acéfalo, sucateado e emperrado. Não cumpre a sua missão nem terá condições de cumpri-la, uma vez que essa situação calamitosa agrava-se de forma assustadora. A demora na solução de tão angustiante problema vem causando inquietações, desavenças e até explosões de revolta.

Atualmente, está em andamento a Comissão Parlamentar para encontrar soluções. Os órgãos de comunicação expõem constantemente essas circunstâncias, de maneira às vezes bombástica e sensacionalista, abafando a divulgação de fórmulas sensatas e científicas levantadas por juristas e magistrados. Em nosso parecer, tais comissões examinam um problema insolúvel; portanto, será tempo perdido desenvolver tais estudos. Só após a adoção da arbitragem poder-se-á pensar no aprimoramento do Judiciário e na solução de seus problemas. A Lei das Sociedades Anônimas recomenda esta solução. Urge, portanto, que doravante toda empresa que se constituir sob a forma de sociedade anônima preveja no seu estatuto cláusula de eleição de foro, constando que as possíveis divergências na interpretação ou execução desse contrato sejam resolvidas pela arbitragem. Para as empresas já constituídas, deve o estatuto ser modificado, com a inclusão dessa cláusula.

Também a Lei 6.729/79, que regulamenta o contrato de concessão mercantil, contrato este do mesmo tipo do contrato de representação comercial, isto é, de colaboração empresarial para força de vendas, recomenda a solução de problemas entre concessionárias e concedentes por via da arbitragem.

No tocante ao relacionamento com terceiros, deve ser incluída essa mesma cláusula, dizendo que a sociedade procurará resolver possíveis litígios por meio da arbitragem. Neste caso, não se pode impor obrigatoriedade, pois há questões que forçosamente exigirão processo judicial. Na arbitragem, só poderão ser discutidos direitos patrimoniais disponíveis, ou seja, problemas que envolvam valores financeiros e que possam ser transacionados.

O próprio Brasil é fruto da arbitragem. Logo após a declaração da independência, em 07.09.1822, o Brasil tentou sua aceitação no concerto dos países, sendo repelido. Foi celebrado acordo entre o Imperador do Brasil e o Rei de Portugal, que afinal eram pai e filho, de constituir um tribunal arbitral para julgar se caberia o desmembramento. Esse tribunal, formado pelo Rei da Inglaterra, da França e da Áustria, julgou a questão em favor do Brasil, sendo então reconhecido.

22.3. Características e vantagens da arbitragem

A sensatez está, pois, em reconhecer a inviabilidade do esquema tradicional de solução de litígios e adotar novas fórmulas paralelas, consentâneas com o mundo moderno e com as necessidades da sociedade, mormente no que tange às empresas. Os novos esquemas devem atender às características essenciais para que a Justiça seja exercida: rapidez, sigilo, adequação jurídica, confiabilidade, baixa contenciosidade, especialidade. São características exigidas pela nova ordem econômica e jurídica, nacional e internacional, e pela moderna orientação empresarial. O sistema tradicional de resolução de lides, vale dizer, a solução judiciária, não atende a qualquer dessas exigências fulminando as seculares formas processuais. Há necessidade de falarmos sobre as vantagens da arbitragem, como forma alternativa de resolução de disputas.

O tradicional provérbio de que a Justiça tarda mas não falha tornou-se uma balela: se a Justiça tarda, ela já é falha.

Rapidez

A primeira característica, e por razões de importância, é a rapidez na solução de problemas empresariais. Não pode a empresa moderna ficar na dependência de soluções judiciárias para continuar sua vida. O tempo normal da morosidade da Justiça para a resolução definitiva de um processo é de dez anos, o que perturba e amarra o desenvolvimento das atividades empresariais.

Um importante conglomerado de órgãos de comunicação, verdadeiro império econômico, encontra-se em estado falimentar, com impostos atrasados e salários sem pagar, ameaçado de fechamento, com incontáveis prejuízos à coletividade. Várias soluções já foram apresentadas, mas todas esbarram na espera de certas soluções judiciais, que se eternizam. Está "sub judice" o direito de propriedade da maioria das ações da empresa, aguardando o fim de processos que estão correndo há mais de dez anos. Inúmeras empresas encontram-se na mesma situação: não podem tomar importantes decisões, por aguardarem algum provimento judicial, com interminável espera.

A maioria das empresas brasileiras encontra-se em esquisita e delicada situação quanto ao cumprimento de contratos. Se duas empresas têm problemas a resolver, referentes a um contrato que celebraram, necessário se torna que tais problemas sejam resolvidos de forma justa, adequada e rápida. Caso contrário, o relacionamento entre elas estará detido ou tumultuado e o cumprimento do contrato ameaçado. **O velho brocardo de que "a Justiça tarda, mas não falha" é uma falácia, uma enganação: se a Justiça tarda, ela já é falha**. Mais precisamente, a Justiça tardia é a negação da Justiça; é Justiça inexistente. É, pois, o apanágio da Justiça moderna, de pretensão empresarial: a celeridade. E não se pode recorrer ao provérbio de que a pressa é inimiga da perfeição; não se requer pressa, mas presteza.

Só para se ter uma ideia do que representa a morosidade na solução de problemas, vamos citar um exemplo ocorrido entre nós. No início do século XX, um grupo de proprietários rurais constituiu uma empresa para construir uma estrada de ferro, que se chamou Companhia Paulista de Estradas de Ferro. O Poder Público colaborou com a iniciativa, desapropriando longa faixa de terra em que a estrada passaria. Até hoje não foi pago o valor da desapropriação, e o processo de cobrança corre na Justiça de São Paulo. Todos os desapropriados já morreram e também seus filhos. A terceira geração continua dando prosseguimento aos processos, que se arrastam há mais de um século, uma vez que foram julgados há 40 anos e o Poder Público foi condenado a pagar as indenizações, mas não foram pagas em virtude de minúcias judiciárias. Esse processo iniciou-se no ano de 1900.

Sigilo

Examinemos a segunda exigência empresarial para a Justiça considerada conveniente: o sigilo. Não é do interesse das empresas que suas divergências referentes à interpretação da execução de um contrato se tornem de domínio público. Nem é interesse delas que seus contratos fiquem no fórum, à disposição de quem possa se interessar. As discussões empresariais podem ter utilidade para a concorrência, mas são de enorme inconveniência para as empresas. Predomina no processo judicial o princípio da publicidade, excetuando-se alguns casos de segredo de Justiça. Discute-se num processo, muitas vezes, segredo de fábrica, como a fórmula de um remédio, comportamento financeiro de empresa, direitos reservados, tecnologia de produção, "know-how", dificuldades de caixa, cuja divulgação traz manifestos prejuízos para as partes.

Maleabilidade

Em terceiro lugar, podemos nos referir à maleabilidade da arbitragem na adoção do Direito aplicável, sem a rigidez do Direito comum, continuador da rigidez romana. As partes desfrutam mais esta faculdade: além da livre escolha dos juízes arbitrais, fica-lhes reservada também a livre escolha do Direito aplicável no julgamento. Cada caso examinado apresenta características próprias, afastando-se da aplicação de normas tradicionais do Direito de inspiração romana.

O juiz togado encontra-se inibido de adequar o Direito à solução do processo em tela, apesar da Lei de Introdução ao Código Civil, no art. 5º, dar-lhe a faculdade de liberalizar a aplicação da lei, ao dizer que poderá ele levar em conta os fins sociais a que ela se dirige e as exigências do bem comum. O juiz arbitral está mais à vontade, desde que as partes tenham decidido lhe dar essa liberdade. É-lhe possível então se desvencilhar do anacrônico, superado e rígido Direito criado há dois mil anos e a dez mil quilômetros de São Paulo. No procedimento arbitral, não há recursos judiciais, mandados de segurança ou outros entraves ao encaminhamento da questão.

Confiabilidade

Outro aspecto a ser considerado é o da confiabilidade do julgamento arbitral. O árbitro ou os árbitros são escolhidos pelas partes, sendo-lhes, portanto, facultado arredar do julgamento de sua questão quem não mereça confiança. Não poderá qualquer das partes reclamar da decisão arbitral, visto que o prolator da sentença teve a sua aprovação antes de iniciar-se o processo. Durante o processo, poderão ser levantadas exceções. Se o árbitro se revela moroso, complicado ou não cumpre seus deveres, as partes o destituem de imediato e nomeiam outro.

Especialidade

Como quinta característica desse esquema de solução de litígios empresariais, deve ser citada a especialidade. A complexidade das modernas relações empresariais criou um novo Direito, e os problemas são de tal maneira "sui generis" que dificilmente poderão ser analisados, compreendidos e julgados a não ser por pessoas especializadas. Apontemos, como exemplo, o que ocorre com numerosos julgamentos referentes à prestação de serviços médicos: são problemas de tal maneira especializados que só poderão ser julgados por pessoas especializadas.

Como exemplo, podemos citar a ARBITRAGIO – Câmara de Mediação e Arbitragem em Relações Negociais, que instalou um tribunal especializado em questões profissionais, como o caso dos corretores de imóveis que tiveram uma câmara especializada para eles. O juiz, de formação jurídica, pode-se servir de laudos técnicos, apresentados pelas partes e por assistente técnico da escolha judicial, conforme preceitua o Código de Processo Civil. Este sistema é superado e ineficaz há muitos anos, razão pela qual se eternizam as questões em julgamento.

No que tange às questões societárias, a BOVESPA criou a Câmara de Arbitragem do Mercado – CAM, com juízes especializados nos problemas societários e no relacionamento entre acionistas e companhias.

Igualmente fizeram as câmaras de comércio estrangeiras de São Paulo, como a AMCHAM – Câmara de Comércio Americana; a Câmara de Comércio Brasil-Canadá; a Câmara de Comércio Ítalo-Brasileira; e outras.

Baixa contenciosidade

Chegamos agora à última das seis características levantadas como as mais importantes, malgrado haja muitas outras, deixadas de lado por não apresentarem a mesma relevância. É o alto nível das discussões, a baixa contenciosidade. Problema sério do Direito atual e da vida forense, causando dificuldade e ineficácia ao próprio Poder Judiciário, é a elevada contenciosidade dos processos judiciais. Longa série de fatores acirram o ânimo das partes, fazendo-as descer ao nível dos insultos e revelações inconvenientes.

O pretório transformou-se numa arena de digladiadores em luta encarniçada. Essas circunstâncias dificultam o andamento do processo, o julgamento da questão e a eficácia da solução. Urge encontrarmos o meio adequado de arrefecimento dos ânimos, sem o que não se poderá chegar a soluções adequadas. Essa troca de farpas e insultos não pode caber em discussões de problemas empresariais. Empresas não têm sentimentos feridos, não têm honra ou outros sentimentos próprios de pessoa natural. Empresas têm interesses a tratar, direitos a defender. Seu interesse é a justa composição da lide e a minimização de prejuízos.

Esse problema é sentido pelas grandes multinacionais, como se pode ver no caderno do Diário Oficial, em que há intimações a advogados sobre andamento de processos. Basta consultá-lo e poderemos averiguar que nele não se encontram o nome de Volkswagen, Jonhson & Jonhson, Rhodia, Ford, Mercedes-Benz ou de outras grandes empresas. Elas não têm processos na Justiça, pois seus problemas são resolvidos de forma sensata: pela arbitragem.

22.4. Tipos de arbitragem

É conveniente referir-se aos vários tipos de arbitragem. São de Direito público ou de Direito privado, nacional ou internacional, civil ou empresarial. A arbitragem de Direito público é a que se aplica ao julgamento de divergências entre países ou pelo Estatuto da Corte Permanente de Arbitragem, órgão sediado em Haia (Holanda), existente há mais de um século. Não é a este tipo de arbitragem que estamos nos referindo, mas trataremos da arbitragem empresarial. A arbitragem pode ser nacional e internacional. Será nacional se dirimir controvérsias entre empresas nacionais, ou quando aplicar a lei de um só país. A internacional julga questões que exijam a aplicação da lei de dois ou mais países.

O que estamos examinando, porém, é a arbitragem empresarial, de Direito privado e essencialmente nacional. É ela regulamentada pela Lei 9.307/96, chamada de Lei da Arbitragem ou Lei Marco Maciel, por ter sido da iniciativa do Vice-presidente da República daquela época. Trata-se de lei de boa feitura, ampla na sua disposição, dando eficácia à arbitragem. Regulamenta, em vários capítulos, a instauração da arbitragem, os árbitros, o procedimento arbitral, as normas aplicáveis, a sentença arbitral, a homologação de sentenças estrangeiras.

Para melhor compreensão dessa lei, temos, entretanto, de nos referir a outros diplomas jurídicos que a inspiraram, mesmo porque possuem eficácia no Brasil. A primeira invocação, no nosso caso, é o Regulamento da CIA – Corte Internacional de Arbitragem, órgão pertencente à CCI – Câmara de Comércio Internacional.

A maioria dos contratos internacionais trazem cláusula de eleição de foro, escolhendo a CIA – Corte Internacional de Arbitragem como órgão julgador, ou então aplicando o estatuto desta, ainda que esteja o julgamento a cargo de outra câmara arbitral.

É conveniente, portanto, que todo contrato celebrado entre uma companhia do Brasil e a de outro país contenha a cláusula arbitral.

Duas convenções internacionais regulamentaram a arbitragem num sentido geral, celebradas em Genebra em 1923 e 1928. O Brasil participou dessas convenções, transformadas em leis brasileiras. Importantíssima foi a Convenção de Nova York, regulamentando a arbitragem privada, a que o Brasil aderiu. Como, entretanto, se trata de convenção adotada pelos principais países, devemos obedecê-la se ela for invocada em contratos empresariais.

Importante ainda é a Lei Modelo da UNCITRAL, de que faremos algumas referências. A ONU vem divulgando em todos os países a cultura da arbitragem, trabalhando intensamente para manter certa uniformidade na legislação arbitral dos países que a adotarem. Este trabalho processa-se graças a dois órgãos da ONU:

UNCITRAL – United Nations Commission on International Trade Law

Este órgão tem várias funções. A principal delas é a elaboração de um código comercial internacional, visando à harmonização e uniformização do Direito empresarial no mundo todo. Enquanto esse código não sai, a UNCITRAL desenvolve ação divulgando a regulamentação de contratos internacionais e colaborando com os países no estabelecimento de legislação de Direito empresarial, atendendo a essa uniformização.

A UNCITRAL conta com a assistência técnica da CCI na elaboração de normas a serem aplicadas na regulamentação do comércio internacional (*TRADE*). Se fôssemos considerar esse órgão da ONU em nosso idioma, chama-lo-íamos: CNUDCI – Comissão das Nações Unidas para o Direito do Comércio Internacional. A ação de maior interesse no que tange à arbitragem é que a UNCITRAL elaborou a lei-modelo de arbitragem, com a colaboração técnica da CCI. Essa lei-modelo é bem ampla e genérica, de tal forma que a arbitragem pode ser adaptada em qualquer país. Vários países reformularam sua legislação com base nela. Foi o que aconteceu com o Brasil, cuja lei básica da arbitragem, a Lei 9.307/96, incorpora muitas disposições da lei-modelo da UNCITRAL e de convenções internacionais.

UNCTAD – United Nations Conference on Trade and Development

Este órgão da ONU atua paralelamente à UNCITRAL, mas este é um órgão jurídico, enquanto a UNCTAD ocupa-se das práticas do comércio internacional, procurando regulamentar as operações econômicas internacionais, visando a desenvolvê-las e harmonizá-las. Uma das formas para atender a este objetivo é a aplicação da arbitragem para a resolução de disputas no comércio internacional.

22.5. Como se institui o juízo arbitral

É preciso que as partes estejam de acordo, é uma opção das partes. Podem elas apelar para a Justiça pública, mas, se não quiserem assim, apelarão para a arbitragem. Não pode haver imposição da arbitragem, ela depende de uma convenção entre as partes: é, portanto, uma justiça convencional. Essa convenção é chamada de convenção arbitral.

Quem poderá requerer a arbitragem e em quais casos é o que a lei vai dispor. Segundo o art. 1º da Lei da Arbitragem:

> *As pessoas capazes de contratar poderão valer-se da arbitragem para dirimir litígios relativos a direitos patrimoniais disponíveis.*

Toda empresa registrada na Junta Comercial será parte capaz de contratar. O registro no órgão público competente dá à empresa personalidade jurídica, ou seja, capacita-a a adquirir direitos e contrair obrigações. Poderá, portanto, celebrar a convenção arbitral, que apresenta as características de um contrato. Todos os direitos de uma empresa são disponíveis, isto é, admitem transação. Por tais razões, a arbitragem é um instituto tipicamente empresarial, malgrado seja aplicado a relacionamentos jurídicos na órbita civil. É também capaz a sociedade civil.

A convenção arbitral pode ser, porém, de dois tipos, os quais determinarão dois tipos de arbitragem.

Compromisso

É a convenção celebrada pelas partes para a resolução de uma controvérsia já existente entre elas, questão esta que poderá até mesmo ser discutida na Justiça. Haverá, então, o compromisso judicial e o extrajudicial.

O compromisso arbitral judicial será celebrado por termo nos autos, perante o juízo ou tribunal em que tem curso a demanda. Neste caso, o juiz extinguirá o processo, liberando os autos para as partes, a fim de serem encaminhados ao juízo arbitral. Aliás, o Código de Processo Civil prevê como uma das causas para a extinção do processo, no inciso VII, a convenção de arbitragem.

Cláusula compromissória

Esta convenção arbitral é uma cláusula inserida no contrato. Os contratos trazem normalmente a cláusula denominada "eleição de foro". Poderá também esta cláusula estabelecer que possíveis divergências entre as empresas contratantes devam ser resolvidas por arbitragem, indicando, ainda, a que órgão arbitral institucional ou entidade especializada perante os quais a arbitragem será instituída e processada. Como órgão arbitral institucional, podemos apontar, como exemplo, a CIA – Corte Internacional de Arbitragem, e como entidades especializadas as câmaras de comércio já referidas. Há muitas outras cortes arbitrais em São Paulo e em várias cidades brasileiras, estando registradas em São

Paulo mais de 200 câmaras arbitrais, como a *Arbitragio – Câmara de Mediação e Arbitragem em Relações Negociais.*

Fala a cláusula compromissória de um potencial litígio: ele ainda não existe, mas poderá surgir a qualquer momento. Este tipo de convenção antecede ao litígio, tendo, pois, um caráter preventivo. A solução de uma controvérsia ficou prevista pela cláusula compromissória, constando no próprio contrato sobre o qual passa a haver alguma dúvida futura. Esta cláusula deve ser estipulada por escrito, podendo estar inserta no próprio contrato, ou em documento apartado que se refira a esse contrato. É de natureza contratual, pois é estabelecida por comum acordo e só se refere a um contrato. É mais uma razão para apoiar a ideia de que a arbitragem é aplicável marcantemente na área contratual. Não existe no Direito brasileiro cláusula compromissória, a não ser referente a um contrato e estabelecida de forma contratual.

Procurou precaver-se a lei brasileira quanto aos abusos que possam originar-se do contrato de adesão, tipo de contrato muito em moda hoje em dia e de crescente domínio. O contrato de adesão é elaborado por uma das partes, estabelecendo todas as cláusulas. A proposta deste contrato é apresentada pela parte elaboradora, de posição claramente forte e predominante, à outra parte, que se vê na posição de aceitar as cláusulas em bloco, ou não celebrará o contrato.

No contrato de adesão, a cláusula compromissória só terá eficácia se for escrita em letras bem realçadas, distinguindo-se das demais cláusulas. Ou, então, se for celebrada em documento à parte, como aditivo ao contrato. Poderá ainda vir após a assinatura do contrato, com letras mais salientes e com nova assinatura. Assim deve ser feito nos contratos de colaboração empresarial para força de vendas, no contrato de trabalho, de seguros, contratos bancários e outros que são celebrados em impresso próprio.

Poderão as partes indicar na convenção, além da adoção da arbitragem, também o nome do árbitro que deverá julgar a questão, ou o órgão arbitral ou entidade especializada, como, por exemplo, a Câmara de Arbitragem do Mercado – CAM.

22.6. O passivo judicial das empresas

Realidade pouco divulgada na vida empresarial é a vultosa dívida decorrente de processos judiciais, colocando em situação instável as empresas brasileiras. Bastaria citar o passivo trabalhista formado pelas reclamações de empregados na Justiça do Trabalho. Em todo o Brasil, correm mais de dois milhões de processos trabalhistas, cujos valores cobrados atingem patamares bem acima de todo o meio circulante no país. Verdade é que a maioria desses processos não chega ao fim, e os valores reclamados constituem mera ficção. Todavia, são valores "sub judice", documentados pelo próprio processo e poderão ser julgados procedentes.

Muitas empresas sofrem processos cujo montante reclamado ultrapassa todo o seu capital e seu patrimônio. A procedência de uma só ação poderia engolir seu capital. Se uma empresa exerce ação judicial, o valor defendido é sempre contabilizado e lastreado por documentos, como, por exemplo, a duplicata. As cobranças contra ela, mormente as trabalhistas, contudo, não são contabilizadas, malgrado tenha sido ela citada para os termos dessa ação. Se fosse ela contabilizar esses débitos, estaria financeiramente estourada. É este o estado da maioria das empresas no Brasil. Embora seja um estado artificial, não deixa de ser alarmante.

Saindo, porém, da área trabalhista, nos encontraremos defronte a uma situação constrangedora. Muitas empresas necessitam tomar decisões importantes, mas se encontram inibidas de tomar qualquer iniciativa, por dependerem de decisões judiciais, aguardadas há muitos anos. Os processos judiciais tolhem as iniciativas empresariais, emperram o desenvolvimento econômico, acirram litígios de toda espécie e estimulam as fraudes e as aventuras. Não há, portanto, Justiça, pois Justiça tardia é a negação da Justiça. O juiz que retarda o exercício de suas funções jurisdicionais está negando a Justiça. **A velha e surrada frase de que "a Justiça tarda, mas não falha" é uma falácia, uma enganação; se a Justiça tarda, ela já é falha.**

Há um desassossego, um estado de angústia empresarial. Sabe todo empresário que a espada de Dâmocles pende sobre sua cabeça. Cabe ao Direito Empresarial encontrar a solução para essa angústia, que está se tornando insuportável para as empresas do Brasil. E a solução está apresentada pela Lei 9.307/96, dando novos contornos e eficácia à arbitragem. Urge a imediata adoção de meios alternativos para a solução de controvérsias empresariais. De nada poderia adiantar a modernização do Direito Empresarial, se este não tiver mecanismos adequados de aplicação.

22.7. A remuneração da arbitragem

Sendo a arbitragem uma Justiça privada, exercida por juízes privados, não há participação estatal. Os árbitros são indicados pelas partes contendentes, ou elas escolhem qual o tribunal arbitral a encarregar-se do julgamento. Cabe, então, a elas a remuneração do serviço prestado e a remuneração dos árbitros. Essa remuneração será combinada entre as partes litigantes e o árbitro, caso se trate de árbitro singular. Caso, entretanto, se trate de um tribunal institucionalizado, ou seja, uma entidade especializada em arbitragem, cada uma tem sua tabela de preços. Geralmente, é uma porcentagem sobre o valor da causa, havendo limites mínimo e máximo.

Essa jurisdição paga contrapõe-se à jurisdição gratuita. Há várias ponderações necessárias a este respeito. A Justiça pública não é totalmente gratuita: há custas do processo, da juntada de mandato, da diligência do oficial de justiça, da publicação de editais e de muitas outras. As cópias de peças processuais são de preço elevado. Deve-se levar em conta os inúmeros gastos de idas e vindas ao fórum, de audiências, que vão se acumulando pelos anos afora. É dispendiosa para as empresas a manutenção de um advogado ou departamento jurídico. Ao final, o processo custou preço bem elevado.

Não é o que ocorre na arbitragem. O advogado tem um prazo bem curto para o seu trabalho, que é mais facilitado e produtivo. Segundo o artigo 23 da Lei da Arbitragem, as partes em litígio poderão prever o prazo desejado por elas, como, por exemplo, um mês. Caso não fique estabelecido esse prazo, vigora então o prazo legal, que é de seis meses. Se o juíz arbitral não prolatar a sentença no prazo legal, ou no prazo convencionado pelas partes, poderá responder civil e criminalmente por essa desídia, podendo até ser alvo de ação de reparação de danos, se a falha tiver causado danos para uma ou ambas as partes.

Sendo o trabalho do advogado bem mais rápido e facilitado, sua remuneração poderá ser bem menor. O trabalho exercido durante um mês é menos dispendioso do que o exercido durante dez anos. De forma alguma será o advogado prejudicado. Nas atuais circunstâncias, é por demais ilusória a remuneração do trabalho advocatício: recebe o advogado previamente sua remuneração e por ela terá de trabalhar anos a fio; será cobrada pela sua cliente a solução do feito e terá gastos de condução e recolhimento de custas. Cedo verá o advogado que sua remuneração foi corroída por gastos contínuos, enquanto se esfalfa e se desgasta.

Numa análise mais profunda, ver-se-á que a arbitragem racionaliza o trabalho de uma empresa, diminuindo seus custos operacionais. Por outro lado, racionaliza também o trabalho do advogado, valorizando sua remuneração. Poderá ele, assim, apresentar menores exigências, provocando maior volume de ações.

22.8. As raízes brasileiras da arbitragem

O Brasil nunca foi indiferente à arbitragem, malgrado tenha ela emergido com vigor apenas com o advento da Lei 9.307, de 23.09.96. Durante o Império e mesmo nos primórdios de nossa vida como nação independente e soberana, antes que se elaborasse legislação nativa, vigoravam as Ordenações do Reino, em que a arbitragem era admitida. Proclamada a Independência, surgiu nossa primeira Constituição, em 1824, prevendo a resolução de divergências jurídicas civis por meio da arbitragem.

Em 1850, porém, passou a vigorar o nosso Código Comercial, apontando a arbitragem como fórmula de solução para vários tipos de controvérsias no âmbito empresarial. Incisivo é o art. 783, ao apontar a arbitragem para a solução de divergências em operações de comércio marítimo. O art. 302, na alínea 5, diz que o ato constitutivo de uma sociedade mercantil deve trazer a "forma da nomeação dos árbitros para juízes das dúvidas sociais". O art. 294 é ainda mais peremptório:

> *Todas as questões sociais que se suscitarem entre sócios durante a existência da sociedade ou companhia, sua liquidação ou partilha, serão decididas em juízo arbitral.*

Posteriormente, a arbitragem foi regulamentada de forma ampla pelo Código Civil de 1916, nos arts. 1040 a 1047, e seu "modus faciendi" no Código de Processo Civil de 1939, confirmado pelo atual CPC, de 1973. Essas partes foram derrogadas pela atual Lei de Arbitragem, mais propriamente dizendo, as disposições do Código Civil e do CPC não foram revogadas, mas incorporadas na nova Lei da Arbitragem.

Havia, portanto, um substrato legislativo da arbitragem antes que a nova lei fosse elaborada. Não estão sendo aqui invocadas as raízes internacionais, mas apenas as nacionais. Podemos ainda citar a prática da arbitragem no Brasil, como as resoluções dos problemas relacionados ao Território do Acre e ao das Missões e o estabelecimento dos limites territoriais do Brasil e países limítrofes, todos resolvidos por arbitragem. Foi no julgamento arbitral dessas questões que se realçou a atuação do Barão do Rio Branco como advogado do Brasil. Podemos, ainda, fazer referência ao fato de o Brasil, além de submeter-se à arbitragem, ter atuado também como árbitro em certas questões internacionais ocorridas no século passado.

22.9. As lições do passado

Não se trata de nenhuma novidade. A arbitragem tinha sido prevista no Código de Hamurabi, da antiga Babilônia, em 2800 a.C. Foi decantada pelos grandes filósofos gregos e na antiga Roma foi regulamentada por leis diversas, e assim hoje essa regulamentação prevalece, tendo sido mais aplicada do que a Justiça romana. Na Idade Média, ela predominou porquanto as nações emergentes da conquista do Império Romano custaram para formar o Poder Judiciário. Ela venceu airosamente em todos esses séculos, provando sua eficácia.

No mundo moderno, a arbitragem predomina em grande parte dos países mais adiantados, como os países europeus. Nos Estados Unidos da América, 80% dos litígios são resolvidos por arbitragem. No Canadá, a incidência é ainda maior. Nas duas Coreias, de regimes tão diferentes, vigora a mesma lei arbitral. Na antiga União Soviética, de regime centralizador, em que tudo é concentrado nas mãos do Estado, este abriu mão do monopólio estatal da Justiça e reservou poderes à arbitragem, que passou a manter posição de superioridade até mesmo ante a Justiça do Estado.

A preponderância da arbitragem no Japão é absoluta; bastaria dizer que normalmente correm no judiciário japonês dois mil processos de natureza trabalhista, enquanto no Brasil correm mais de dois milhões. Um destes países deve estar errado, pois não se pode compreender tamanho paradoxo.

23. A LEI 4.886/65

Presidência da República
Casa Civil

LEI Nº 4.886, DE 9 DE DEZEMBRO DE 1965.

Regula as atividades dos representantes comerciais autônomos.

O PRESIDENTE DA REPÚBLICA, faço saber que o CONGRESSO NACIONAL decreta e eu sanciono a seguinte Lei:

Art. 1º – Exerce a representação comercial autônoma a pessoa jurídica ou a pessoa física, sem relação de emprego, que desempenha, em caráter não eventual por conta de uma ou mais pessoas, a mediação para a realização de negócios mercantis, agenciando propostas ou pedidos, para transmiti-los aos representados, praticando ou não atos relacionados com a execução dos negócios.

Parágrafo único. Quando a representação comercial incluir poderes atinentes ao mandato mercantil, serão aplicáveis, quanto ao exercício deste, os preceitos próprios da legislação comercial.

Art. 2º - É obrigatório o registro dos que exerçam a representação comercial autônoma nos Conselhos Regionais criados pelo art. 6º desta Lei.

Parágrafo único. As pessoas que, na data da publicação da presente Lei, estiverem no exercício da atividade, deverão registrar-se nos Conselhos Regionais, no prazo de 90 dias a contar da data em que estes forem instalados.

Art. 3º - **O candidato ao registro, como representante comercial, deverá apresentar:**
 a) prova de identidade;
 b) prova de quitação com o serviço militar, quando a ele obrigado;
 c) prova de estar em dia com as exigências da legislação eleitoral;
 d) folha corrida de antecedentes, expedida pelos cartórios criminais das comarcas em que o registrado houver sido domiciliado nos últimos dez (10) anos;
 e) quitação com o imposto sindical.

§ 1º - O estrangeiro é desobrigado da apresentação dos documentos constantes das alíneas *b* e *c* deste artigo.

§ 2º - Nos casos de transferência ou de exercício simultâneo da profissão, em mais de uma região, serão feitas as devidas anotações na carteira profissional do interessado, pelos respectivos Conselhos Regionais.

§ 3º - As pessoas jurídicas deverão fazer prova de sua existência legal.

Art. 4º - **Não pode ser representante comercial:**
 a) o que não pode ser comerciante;
 b) o falido não reabilitado;
 c) o que tenha sido condenado por infração penal de natureza infamante, tais como falsidade, estelionato, apropriação indébita,

contrabando, roubo, furto, lenocínio ou crimes também punidos com a perda de cargo público;

d) o que estiver com seu registro comercial cancelado como penalidade.

Art. 5º – Somente será devida remuneração, como mediador de negócios comerciais, a representante comercial devidamente registrado.

Art. 6º – São criados o Conselho Federal e os Conselhos Regionais dos Representantes Comerciais, aos quais incumbirá a fiscalização do exercício da profissão, na forma desta Lei.

Parágrafo único. É vedado, aos Conselhos Federal e Regionais dos Representantes Comerciais, desenvolverem quaisquer atividades não compreendidas em suas finalidades previstas nesta Lei, inclusive as de caráter político e partidárias.

Art. 7º – O Conselho Federal instalar-se-á dentro de noventa (90) dias, a contar da vigência da presente Lei, no Estado da Guanabara, onde funcionará provisoriamente, transferindo-se para a Capital da República, quando estiver em condições de fazê-lo, a juízo da maioria dos Conselhos Regionais.

§ 1º – O Conselho Federal será presidido por um dos seus membros, na forma que dispuser o regimento interno do Conselho, cabendo-lhe, além do próprio voto, o de qualidade, no caso de empate.

§ 2º – A renda do Conselho Federal será constituída de vinte por cento (20%) da renda bruta dos Conselhos Regionais.

Art. 8º – O Conselho Federal será composto de representantes comerciais de cada Estado, eleitos pelos Conselhos Regionais, dentre seus membros, cabendo a cada Conselho Regional a escolha de dois (2) delegados.

Art. 9º - Compete ao Conselho Federal determinar o número dos Conselhos Regionais, o qual não poderá ser superior a 1 por Estado, Território Federal e Distrito Federal, e estabelecer-lhes as bases territoriais.

Art. 10 - Compete privativamente ao Conselho Federal:
    a) elaborar o seu regimento interno;
    b) dirimir as dúvidas suscitadas pelos Conselhos Regionais;
    c) aprovar os regimentos internos dos Conselhos Regionais;
    d) julgar quaisquer recursos relativos às decisões dos Conselhos Regionais;
    e) baixar instruções para a fiel observância da presente Lei;
    f) elaborar o Código de Ética Profissional;
    g) resolver os casos omissos.

Art. 11 - Dentro de sessenta (60) dias, contados da vigência da presente Lei, serão instalados os Conselhos Regionais correspondentes aos Estados onde existirem órgãos sindicais de representação da classe dos representantes comerciais, atualmente reconhecidos pelo Ministério do Trabalho e Previdência Social.

Art. 12 - Os Conselhos Regionais terão a seguinte composição:
    a) dois terços (2/3) de seus membros serão constituídos pelo Presidente do mais antigo sindicato da classe do respectivo Estado e por Diretores de sindicatos da classe, do mesmo Estado, eleitos estes em assembleia geral;
    b) um terço (1/3) formado por representantes comerciais no exercício efetivo da profissão, eleitos em assembleia geral realizada no sindicato da classe.

§ 1º - A secretaria do sindicato incumbido da realização das eleições organizará cédula única, por ordem alfabética dos candidatos, destinada à votação.

§ 2º - Se os órgãos sindicais de representação da classe não tomarem as providências previstas quanto à instalação dos Conselhos Regionais, o Conselho Federal determinará, imediatamente, a sua constituição, mediante eleições em assembleia geral, com a participação dos representantes comerciais no exercício efetivo da profissão no respectivo Estado.

§ 3º – Havendo, num mesmo Estado, mais de um sindicato de representantes comerciais, as eleições a que se refere este artigo se processarão na sede do sindicato da classe situado na Capital e, na sua falta, na sede do mais antigo.

§ 4º – O Conselho Regional será presidido por um dos seus membros, na forma que dispuser o seu regimento interno, cabendo-lhe, além do próprio voto, o de qualidade, no caso de empate.

§ 5º – Os Conselhos Regionais terão no máximo trinta (30) membros e, no mínimo, o número que for fixado pelo Conselho Federal.

Art. 13 – Os mandatos dos membros do Conselho Federal e dos Conselhos Regionais serão de três (3) anos.

§ 1º – Todos os mandatos serão exercidos gratuitamente.

§ 2º – A aceitação do cargo de Presidente, Secretário ou Tesoureiro importará na obrigação de residir na localidade em que estiver sediado o respectivo Conselho.

Art. 14 – O Conselho Federal e os Conselhos Regionais serão administrados por uma diretoria que não poderá exceder a um terço (1/3) dos seus integrantes.

Art. 15 – Os Presidentes dos Conselhos Federal e Regionais completarão o prazo do seu mandato, caso sejam substituídos na presidência do sindicato.

Art. 16 – Constituem renda dos Conselhos Regionais as contribuições e multas devidas pelos representantes comerciais, pessoas físicas ou jurídicas, neles registrados.

Art. 17 – Compete aos Conselhos Regionais:
 a) elaborar o seu regimento interno, submetendo-o à apreciação do Conselho Federal;
 b) decidir sobre os pedidos de registro de representantes comerciais, pessoas físicas ou jurídicas, na conformidade desta Lei;
 c) manter o cadastro profissional;
 d) expedir as carteiras profissionais e anotá-las, quando necessário;
 e) impor as sanções disciplinares previstas nesta Lei, mediante a feitura de processo adequado, de acordo com o disposto no artigo 18;
 f) fixar as contribuições e emolumentos que serão devidos pelos representantes comerciais, pessoas físicas ou jurídicas, registrados.

Art. 18 – Compete aos Conselhos Regionais aplicar, ao representante comercial faltoso, as seguintes penas disciplinares:
 a) advertência, sempre sem publicidade;
 b) multa até a importância equivalente ao maior salário-mínimo vigente no País;
 c) suspensão do exercício profissional, até um (1) ano;
 d) cancelamento do registro, com apreensão da carteira profissional.

§ 1º – No caso de reincidência ou de falta manifestamente grave, o representante comercial poderá ser suspenso do exercício de sua atividade ou ter cancelado o seu registro.

§ 2º – As penas disciplinares serão aplicadas após processo regular, sem prejuízo, quando couber, da responsabilidade civil ou criminal.

§ 3º – O acusado deverá ser citado, inicialmente, dando-se-lhe ciência do inteiro teor da denúncia ou queixa, sendo-lhe assegurado, sempre, o amplo direito de defesa, por si ou por procurador regularmente constituído.

§ 4º – O processo disciplinar será presidido por um dos membros do Conselho Regional, ao qual incumbirá coligir as provas necessárias.

§ 5º – Encerradas as provas de iniciativa da autoridade processante, ao acusado será permitido requerer e produzir as suas próprias provas, após o que lhe será assegurado o direito de apresentar, por escrito, defesa final e o de sustentar, oralmente, suas razões, na sessão do julgamento.

§ 6º – Da decisão dos Conselhos Regionais caberá recurso voluntário, com efeito suspensivo, para o Conselho Federal.

Art. 19 – Constituem faltas no exercício da profissão de representante comercial:
a) prejudicar, por dolo ou culpa, os interesses confiados aos seus cuidados;
b) auxiliar ou facilitar, por qualquer meio, o exercício da profissão aos que estiverem proibidos, impedidos ou não habilitados a exercê-la;
c) promover ou facilitar negócios ilícitos, bem como quaisquer transações que prejudiquem interesse da Fazenda Pública;
d) violar o sigilo profissional;
e) negar ao representado as competentes prestações de contas, recibos de quantias ou documentos que lhe tiverem sido entregues, para qualquer fim;
f) recusar a apresentação da carteira profissional, quando solicitada por quem de direito.

Art. 20 – Observados os princípios desta Lei, o Conselho Federal dos Representantes Comerciais expedirá instruções relativas à

aplicação das penalidades em geral e, em particular, aos casos em que couberem imposições da pena de multa.

Art. 21 – As repartições federais, estaduais e municipais, ao receberem tributos relativos à atividade do representante comercial, pessoa física ou jurídica, exigirão prova de seu registro no Conselho Regional da respectiva região.

Art. 22 – Da propaganda deverá constar, obrigatoriamente, o número da carteira profissional.

Parágrafo único. As pessoas jurídicas farão constar também, da propaganda, além do número da carteira do representante comercial responsável, o seu próprio número de registro no Conselho Regional.

Art. 23 – O exercício financeiro dos Conselhos Federal e Regionais coincidirá com o ano civil.

Art. 24 – As diretorias dos Conselhos Regionais prestarão contas da sua gestão ao próprio Conselho, até o dia 15 de fevereiro de cada ano. (Redação dada pela Lei nº 8.420, de 08.05.1992)

Art. 25 – Os Conselhos Regionais prestarão contas até o último dia do mês de fevereiro de cada ano ao Conselho Federal. (Redação dada pela Lei nº 8.420, de 08.05.1992)

Parágrafo único. A Diretoria do Conselho Federal prestará contas ao respectivo plenário até o último dia do mês de março de cada ano. (Redação dada pela Lei nº 8.420, de 08.05.1992)

Art. 26 – Os sindicatos incumbidos do processamento das eleições, a que se refere o art. 12, deverão tomar, dentro do prazo de trinta (30) dias, a contar da publicação desta Lei, as providências necessárias à instalação dos Conselhos Regionais dentro do prazo previsto no art. 11.

Art. 27 - Do contrato de representação comercial, além dos elementos comuns e outros a juízo dos interessados, constarão obrigatoriamente: (Redação dada pela Lei nº 8.420, de 08.05.1992)

a) condições e requisitos gerais da representação;

b) indicação genérica ou específica dos produtos ou artigos objetos da representação;

c) prazo certo ou indeterminado da representação;

d) indicação da zona ou zonas em que será exercida a representação;

e) garantia ou não, parcial ou total, ou por certo prazo, da exclusividade de zona ou setor de zona;

f) retribuição e época do pagamento, pelo exercício da representação, dependente da efetiva realização dos negócios, e recebimento, ou não, pelo representado, dos valores respectivos;

g) os casos em que se justifique a restrição de zona concedida com exclusividade;

h) obrigações e responsabilidades das partes contratantes;

i) exercício exclusivo ou não da representação a favor do representado;

j) indenização devida ao representante pela rescisão do contrato fora dos casos previstos no art. 35, cujo montante não poderá ser inferior a 1/12 (um doze avos) do total da retribuição auferida durante o tempo em que exerceu a representação. (Redação dada pela Lei nº 8.420, de 08.05.1992)

§ 1º - Na hipótese de contrato a prazo certo, a indenização corresponderá à importância equivalente à média mensal da retribuição auferida até a data da rescisão, multiplicada pela metade dos meses resultantes do prazo contratual. (Redação dada pela Lei nº 8.420, de 08.05.1992)

§ 2º - O contrato com prazo determinado, uma vez prorrogado o prazo inicial, tácita ou expressamente, torna-se a prazo indeterminado. (Incluído pela Lei nº 8.420, de 08.05.1992)

§ 3º – Considera-se por prazo indeterminado todo contrato que suceder, dentro de seis meses, a outro contrato, com ou sem determinação de prazo. (Incluído pela Lei nº 8.420, de 08.05.1992)

Art. 28 – O representante comercial fica obrigado a fornecer ao representado, segundo as disposições do contrato ou, sendo este omisso, quando lhe for solicitado, informações detalhadas sobre o andamento dos negócios a seu cargo, devendo dedicar-se à representação, de modo a expandir os negócios do representado e promover os seus produtos.

Art. 29 – Salvo autorização expressa, não poderá o representante conceder abatimentos, descontos ou dilações, nem agir em desacordo com as instruções do representado.

Art. 30 – Para que o representante possa exercer a representação em juízo, em nome do representado, requer-se mandato expresso. Incumbir-lhe-á, porém, tomar conhecimento das reclamações atinentes aos negócios, transmitindo-as ao representado e sugerindo as providências acauteladoras do interesse deste.

Parágrafo único. O representante, quanto aos atos que praticar, responde segundo as normas do contrato e, sendo este omisso, na conformidade do Direito comum.

Art. 31 – Prevendo o contrato de representação a exclusividade de zona ou zonas, ou quando este for omisso, fará jus o representante à comissão pelos negócios aí realizados, ainda que diretamente pelo representado ou por intermédio de terceiros. (Redação dada pela Lei nº 8.420, de 08.05.1992)

Parágrafo único. A exclusividade de representação não se presume na ausência de ajustes expressos. (Redação dada pela Lei nº 8.420, de 08.05.1992)

Art. 32 – O representante comercial adquire o direito às comissões quando do pagamento dos pedidos ou propostas. (Redação dada pela Lei nº 8.420, de 08.05.1992)

§ 1º – O pagamento das comissões deverá ser efetuado até o dia 15 do mês subsequente ao da liquidação da fatura, acompanhada das respectivas cópias das notas fiscais.

§ 2º – As comissões pagas fora do prazo previsto no parágrafo anterior deverão ser corrigidas monetariamente. (Incluído pela Lei nº 8.420, de 08.05.1992)

§ 3º – É facultado ao representante comercial emitir títulos de créditos para cobrança de comissões. (Incluído pela Lei nº 8.420, de 08.05.1992)

§ 4º – As comissões deverão ser calculadas pelo valor total das mercadorias.

§ 5º – Em caso de rescisão injusta do contrato por parte do representando, a eventual retribuição pendente, gerada por pedidos em carteira ou em fase de execução e recebimento, terá vencimento na data da rescisão. (Incluído pela Lei nº 8.420, de 08.05.1992)

§ 6º – (Vetado). (Incluído pela Lei nº 8.420, de 08.05.1992)

§ 7º – São vedadas na representação comercial alterações que impliquem, direta ou indiretamente, a diminuição da média dos resultados auferidos pelo representante nos últimos seis meses de vigência. (Incluído pela Lei nº 8.420, de 08.05.1992)

Art. 33 – Não sendo previstos, no contrato de representação, os prazos para recusa das propostas ou pedidos, que tenham sido entregues pelo representante, acompanhados dos requisitos exigíveis, ficará o representado obrigado a creditar-lhe a respectiva comissão, se não manifestar a recusa, por escrito, nos prazos de 15, 30, 60 ou 120 dias, conforme se trate de comprador

domiciliado, na mesma praça, em outra do mesmo Estado, em outro Estado ou no estrangeiro, respectivamente.

§ 1º – Nenhuma retribuição será devida ao representante comercial, se a falta de pagamento resultar de insolvência do comprador, bem como se o negócio vier a ser por ele desfeito ou for sustada a entrega de mercadorias devido à situação comercial do comprador, capaz de comprometer ou tornar duvidosa a liquidação.

§ 2º – Salvo ajuste em contrário, as comissões devidas serão pagas mensalmente, expedindo o representado a conta respectiva, conforme cópias das faturas remetidas aos compradores, no respectivo período.

§ 3º – Os valores das comissões para efeito tanto do pré-aviso como da indenização, prevista nesta lei, deverão ser corrigidos monetariamente. (Incluído pela Lei nº 8.420, de 08.05.1992)

Art. 34 – A denúncia, por qualquer das partes, sem causa justificada, do contrato de representação, ajustado por tempo indeterminado e que haja vigorado por mais de seis meses, obriga o denunciante, salvo outra garantia prevista no contrato, à concessão de pré-aviso, com antecedência mínima de trinta dias, ou ao pagamento de importância igual a um terço (1/3) das comissões auferidas pelo representante, nos três meses anteriores.

Art. 35 – Constituem motivos justos para rescisão do contrato de representação comercial, pelo representado:
    a) a desídia do representante no cumprimento das obrigações decorrentes do contrato;
    b) a prática de atos que importem em descrédito comercial do representado;
    c) a falta de cumprimento de quaisquer obrigações inerentes ao contrato de representação comercial;
    d) a condenação definitiva por crime considerado infamante;
    e) força maior.

Art. 36 - Constituem motivos justos para rescisão do contrato de representação comercial, pelo representante:

a) redução de esfera de atividade do representante em desacordo com as cláusulas do contrato;

b) a quebra, direta ou indireta, da exclusividade, se prevista no contrato;

c) a fixação abusiva de preços em relação à zona do representante, com o exclusivo escopo de impossibilitar-lhe ação regular;

d) o não pagamento de sua retribuição na época devida;

e) força maior.

Art. 37 - Somente ocorrendo motivo justo para a rescisão do contrato, poderá o representado reter comissões devidas ao representante, com o fim de ressarcir-se de danos por este causados e, bem assim, nas hipóteses previstas no art. 35, a título de compensação.

Art. 38 - Não serão prejudicados os direitos dos representantes comerciais quando, a título de cooperação, desempenhem, temporariamente, a pedido do representado, encargos ou atribuições diversos dos previstos no contrato de representação.

Art. 39 - Para julgamento das controvérsias que surgirem entre representante e representado é competente a Justiça Comum e o foro do domicílio do representante, aplicando-se o procedimento sumaríssimo previsto no art. 275 do Código de Processo Civil, ressalvada a competência do Juizado Especial Cível. (Redação dada pela Lei nº 8.420, de 08.05.1992)

Art. 40 - Dentro de cento e oitenta (180) dias da publicação da presente Lei, serão formalizadas, entre representado e representantes, em documento escrito, as condições das representações comerciais vigentes.

Parágrafo único. A indenização devida pela rescisão dos contratos de representação comercial vigentes na data desta Lei, fora dos casos previstos no art. 35, e quando as partes não tenham usado da faculdade prevista neste artigo, será calculada sobre a retribuição percebida, pelo representante nos últimos cinco anos anteriores à vigência desta lei.

Art. 41 – Ressalvada expressa vedação contratual, o representante comercial poderá exercer sua atividade para mais de uma empresa e empregá-la em outros misteres ou ramos de negócios. (Redação dada pela Lei nº 8.420, de 08.05.1992)

Art. 42 – Observadas as disposições constantes do artigo anterior, é facultado ao representante contratar com outros representantes comerciais a execução dos serviços relacionados com a representação. (Incluído pela Lei nº 8.420, de 08.05.1992)

§ 1º – Na hipótese deste artigo, o pagamento das comissões a representante comercial contratado dependerá da liquidação da conta de comissão devida pelo representando ao representante contratante. (Incluído pela Lei nº 8.420, de 08.05.1992)

§ 2º – Ao representante contratado, no caso de rescisão de representação, será devida pelo representante contratante a participação no que houver recebido da representada a título de indenização e aviso-prévio, proporcionalmente às retribuições auferidas pelo representante contratado na vigência do contrato. (Incluído pela Lei nº 8.420, de 08.05.1992)

§ 3º – Se o contrato referido no *caput* deste artigo for rescindido sem motivo justo pelo representante contratante, o representante contratado fará jus ao aviso-prévio e indenização na forma da lei. (Incluído pela Lei nº 8.420, de 08.05.1992)

§ 4º – Os prazos de que trata o art. 33 desta Lei são aumentados em dez dias quando se tratar de contrato realizado entre representantes comerciais. (Incluído pela Lei nº 8.420, de 08.05.1992)

Art. 43 – É vedada no contrato de representação comercial a inclusão de cláusulas *del credere*.

Art. 44 – No caso de falência do representado, as importâncias por ele devidas ao representante comercial, relacionadas com a representação, inclusive comissões vencidas e vincendas, indenização e aviso-prévio, serão consideradas créditos da mesma natureza dos créditos trabalhistas. (Incluído pela Lei nº 8.420, de 08.05.1992)

Parágrafo único. Prescreve em cinco anos a ação do representante comercial para pleitear a retribuição que lhe é devida e os demais direitos que lhe são garantidos por esta lei.

Art. 45 – Não constitui motivo justo para rescisão do contrato de representação comercial o impedimento temporário do representante comercial que estiver em gozo do benefício de auxílio-doença concedido pela Previdência Social. (Incluído pela Lei nº 8.420, de 08.05.1992)

Art. 46 – Os valores a que se referem a alínea j do art. 27, o § 5º do art. 32 e o art. 34 desta Lei serão corrigidos monetariamente com base na variação dos BTNs ou por outro indexador que venha a substituí-los e legislação ulterior aplicável à matéria. (Incluído pela Lei nº 8.420, de 08.05.1992)

Art. 47 – Compete ao Conselho Federal dos Representantes Comerciais fiscalizar a execução da presente Lei. (Incluído pela Lei nº 8.420, de 08.05.1992)

Parágrafo único. Em caso de inobservância das prescrições legais, caberá intervenção do Conselho Federal nos Conselhos Regionais, por decisão da diretoria do primeiro *ad referendum* da reunião plenária, assegurado, em qualquer caso, o direito de defesa. A intervenção cessará quando do cumprimento da lei. (Incluído pela Lei nº 8.420, de 08.05.1992)

Art. 48 – Esta Lei entra em vigor na data de sua publicação.

Art. 49 – Revogam-se as disposições em contrário.

Brasília, 9 de dezembro de 1965; 144º da Independência e 77º da República.

H. CASTELLO BRANCO
Walter Peracchi Barcellos
Octávio Bulhões